Lm³ 750

à conserver

GÉNÉALOGIE

DE

LA MAISON DE POT,

EN BERRI,

Où est rapportée l'auguste descendance d'ANNE POT, héritiere des grands biens des aînés de ce nom, Seigneurs de la Prugne-au-Pot en Berri, la Roche-Pot en Bourgogne, &c.

La branche subsistante des Seigneurs de PIÉGU-POT en Poitou, Généralité de Bourges;

ET, jusqu'à son extinction, celle des Seigneurs de RHODES, sortie de ceux de PIÉGU-POT, même Province & Généralité;

Dressée sur Titres originaux, Registres des Chambres des Comptes de Paris, de Dijon & autres dignes de foi, & d'après les Historiens les plus authentiques,

Par un parent & ami de MM. de Pot, Seigneurs de Piégu-Pot.

A PARIS,

Chez PIERRE-GUILLAUME SIMON, Imprimeur du Parlement, *rue Mignon, quartier Saint André-des-Arts.*

M. DCC. LXXXII.

AVANT-PROPOS.

L'AMITIÉ & les liens du sang ont fait entreprendre à un Militaire ce simple apperçu de filiation de la Maison de Pot ; un Généalogiste en eût fait un ouvrage utile au Public par les faits historiques dont il l'eût enrichi , orné de détails intéressans dont il est susceptible , rajeunissant & réunissant sous un seul point tous ceux épars dans les Historiens de France, Bourgogne, Berri, Orléanois, & dans les Chroniques de Monstrelet, qui rendent de ce nom des témoignages aussi glorieux qu'authentiques , par des éloges mérités , de nombre d'hommes illustres comblés d'honneurs, de dignités & de biens par nos Rois & les Ducs de Bourgogne , & qu'elle a produits depuis si long-temps dans chaque siecle.

Le zele de l'amitié ne suppléant pas à ce qu'exige un Ouvrage qui devroit être fort étendu, il est toujours avantageux à MM. de Pot de Piégu, seuls subsistans de ce grand nom, d'en avoir applani les premieres difficultés à quelqu'autre, par l'ordre suivi mis dans les titres qu'ils ont sauvés du temps qui dévore tout : si le résultat de ce travail ranime en eux de plus en plus des *sentimens semblables à ceux qu'il leur a voués, ses vœux sont remplis, sans qu'il en ait rien coûté à l'impartialité que doivent avoir ceux qui s'adonnent à de pareilles occupations.*

DISCOURS PRÉLIMINAIRE.

Cette Maison eſt des premieres & des plus illuſtres de la Province du Berry ; elle réunit tous les avantages qui donnent le grand éclat aux Familles nobles ; tige ancienne , illuſtres alliances, belles Terres , grandes Charges , beaux emplois tant à la Guerre qu'à la Cour de nos Rois & Princes de leur Sang , & des Ducs de Bourgogne : elle a donné deux Chevaliers de la Toiſon-d'Or, dont un dès l'inſtitution de cet Ordre ; un de celui de Saint-Michel ſous Louis XI, Roi de France , qui inſtitua cet Ordre ; ſix Prévôts Maîtres des cérémonies des Ordres du Roi, cinq Grands Maîtres des cérémonies de France , deux Ambaſſadeurs, quatre Gouverneurs de Provinces , un Gouverneur des Villes de Liſle , Douai & Orchies ; un Grand Sénéchal de Bourgogne , aux mêmes droits & honneurs que celui de Normandie ; un premier Chambellan de Charles VIII , Roi de France ; un Grand Bailly de Vermandois , ſix premiers Ecuyers-Tranchans & Porte-Cornette du Roi, un Lieutenant-de-Roi en Berry, un Capitaine de cinquante hommes d'armes de ſes Ordonnances , un Capitaine des Gardes-Françoiſes de M. le Duc d'Alençon Frere du Roi , & pluſieurs d'entre eux ont été employés dans les affaires importantes de l'Etat. Cette Maiſon a répété à différentes fois ſes alliances & renouvellé ſa parenté avec celles de Sully , de la Tremoille , d'Aubuſſon , de la Chaſtre & de Chamborant : elle a poſſédé entr'autres belles Terres , en différens temps , les Comtés de Saint-Pol , de Romorentin & de Bridiers , les Seigneuries de la Prugne-au-Pot, Champroy , Piegu-Pot, la Roche-Pot, Lavault-Pot, Dampville , Thorey-ſur-Ouche en Tonnerrois , Rhodes , Chaſſin-Grimont, Chemeaux , Mondons & autres belles Terres.

Les premiers individus connus de cette grande Maiſon l'ont été du Public dans l'Hiſtoire imprimée du Berry par la Thaumaſſiere, & le ſont ici par un Jugement de maintenue de nobleſſe rendu à Bourges en 1669 par le Commiſſaire du Roi à la vérification des Nobles de cette Généralité , ſur la production des titres de cette Maiſon par Charles Pot, Seigneur de Rhodes , Comte de Bridiers , & ſes freres , qui ajouterent à la ſuite de l'Inventaire qu'ils lui en fournirent , que les produiſans étant d'une branche cadette ils n'en avoient pas les plus anciens titres restés aux aînés, passés depuis plus d'un siecle, par leur extinction, dans celle de Montmorency, qui justifieroient l'antiquité de leur noblesse bien au-delà de Raoul Pot premier du nom, y mentionné, vivant en 1298, qui certainement ne tenoit la sienne, ainsi qu'eux la leur, que de ses aïeux.

Ce qui va être rapporté à son rang sur cette même branche de Rhodes, qui a subsisté avec éclat jusqu'au commencement de notre siecle, n'ayant pu nous en procurer les titres originaux, n'est ici relaté que sur la foi de ce Jugement authentique & de celle de l'Histoire des Grands Officiers de la Couronne, qui ne peuvent être suspectés.

GÉNÉALOGIE
DE POT,
EN BERRY, BOURGOGNE
ET POITOU.

Cette Maison porte *d'Or à la face d'Azur.*

COURONNE DE COMTE.

Cimier, *un Gerfaux naissant d'Or, panaché d'Or & d'Azur.*

Supports, *deux Lions d'Or.*

DEVISE:

TANT L VAUT.

LA Thaumassiere, dans son Histoire du Berry, commence la Généalogie de cette Maison par celui qui suit.

PREMIER DÉGRÉ.

GUILLAUME POT, Chevalier, Seigneur de Champroy, à qui il donne pour

FEMME, vers l'an 1250, Catherine DU VERDIERS, fille du Gonin du Verdiers, Damoiseau, Seigneur de Champroy, & pour fils,

RAOUL POT, qui suit.

DU VERDIERS.

D'Azur, à deux Lions passans d'Argent, armés & lampassés de Gueule.

II.

RAOUL POT, premier du nom, Seigneur de la Prugne-au-Pot & de Champroy, est encore connu par la production des titres de cette Maiſon, faite à Bourges, en 1669, au Commiſſaire du Roi à la vérification des Nobles de cette Généralité, qui lui donne pour femme, comme l'Hiſtorien du Berry, celle nommée dans l'accord latin qu'on rapporte ci-deſſous, comme on ſe l'eſt preſcrit pour tous les titres énoncés dans cette piéce authentique.

« Accord en latin entre Meſſire Raöul Pot, Chevalier, » Dame Radegonde de la Failhe ſon épouſe, d'une part ; Meſſire » Guillaume de la Failhe - Renant, Chevalier, Seigneur de » Puyagu, Dame Limofine du Breuil ſa femme, d'autre : du » Mercredi jour de l'Annonciation de la Bienheureuſe Vierge, » 1298. »

LA FAILHE.

D'Or, à la face d'Azur, chargée d'un Annelet d'Or.

FEMME Radegonde DE LA FAILHE, fille de Guillaume de la Failhe-Renant, Chevalier, Seigneur de Puyagu, & de Limofine du Breuil ; c'eſt cette Terre de Puyagu qu'elle porta dans cette Maiſon où elle exiſte depuis cette époque ſi reculée, qui a donné ſon nom à cette premiere branche, qui juſqu'ici a été ſéparée de la ſouche, étant échue au partage de Raoul Pot, ſecond du nom, ſon auteur, par ſon mariage avec Jeanne de Seris, comme on le verra à ſon article §. Ier.

Le nom de Pot, depuis ajouté à celui de Piégu, ainſi que dès long-temps à celui de la Prugne, dont le Public a fait la Prugne-au-Pot, annonce la haute confidération dont jouiſſent de tous les temps ceux de cette Maiſon, puiſque ce même Public s'empreſſoit de décorer de leur nom les Terres qu'ils habiterent ; la Terre de la Roche-Nolay en Bourgogne, acquiſe par Regnier Pot, en augmente les exemples ſi communs dans cette Maiſon, n'ayant été connue, depuis que lui & les ſiens y ont réſidé, que par le nom de la Roche-Pot ; & encore en Poitou celle de Lavault, qui n'eſt auſſi connue depuis eux que par la dénomination de Lavault-Pot, & que malgré le laps de temps qu'elles ont paſſé toutes les trois à d'autres Seigneurs, elles n'ont pu perdre le nom de Pot que l'accord unanime de trois différentes Provinces leur a donné & leur conſerve en mémoire de leurs anciens Seigneurs.

Nos garans cités s'accordent à donner pour fils à Raoul Pot & Radegonde de la Failhe,

GUILLAUME POT, qui ſuit.

III.

I I I.

GUILLAUME POT, second du nom, Chevalier, Seigneur de la Prugne, le Balloffier, Champroy & de Puyagu: les titres qu'on voit de sa veuve & de ses enfans forcent à croire qu'il eut deux femmes & des enfans de chacune d'elles, qu'il fut premierement marié à une Demoiselle de la Tremoille qui, selon la Généalogie de cette Maison, ne pouvoit être autre que Blanche, fille de Guy III, Sire de la Tremoille, de Château-Guillaume, de la Fosse-Saint-Michel, de Pressac & de Lignac, & d'Alix de Vouhec, Dame dudit lieu, de Font-Morand & de Vazois en la Marche, &c. laquelle de la Tremoille, en 1351, au testament de son pere, fut la seule de toutes ses sœurs qu'il ordonna qu'elle fût mariée : tout ce qui suit fortifie de plus en plus dans cette présomption, & fait qu'on ne croit point hasarder de la placer ici pour sa premiere femme dans l'ordre qui suit.

Ire FEMME, Blanche de LA TREMOILLE, fille des Seigneurs & Dames qui viennent d'être nommés ci-dessus ; il eut d'elle les enfans qui suivent.

LA TREMOILLE.

D'or, au Chevron de Gueules, accompagné de trois Aiglettes d'Azur, becquées & membrées de Gueules.

    1. REGNIER POT, qui suit.

    2. HENOR POT, qualifiée Noble femme, en 1402, de Noble & Puissant homme Hellion DE CHAMBORANT, Ecuyer, Seigneur de Lavault en la Marche, dans l'aveu qu'il rendit le Mercredi 5 Juillet, au Seigneur de Château-Roux, des cens & dimes qu'il tenoit de lui, à cause de ladite Henor Pot sa femme, en la Paroisse de Varennes. Il est constant qu'il fut marié long-temps avant cette époque, puisque Guillaume de Chamborant leur fils, en 1403, comparut comme cousin paternel dans l'acte de curatelle des Seigneurs de la Tremoille.

    « Un acte rapporté au Jugement déja cité, relate un accord
» entre Dame Marguerite de Magnac, Dame d'Abloux &
» de Munay, veuve de Messire Guillaume Pot, Chevalier,
» Seigneur de la Prugne, Champroy, Puyagu & le Balloffier,
» d'une part, & Raoul & Louis Pot ses enfans, d'autre, du
» 5 Avril 1390. »

Il eſt donc conſtant, ainſi qu'on le voit, qu'il eut des enfans de celle-ci, puiſqu'elle les nomme, mais ſans que ni elle ni eux parlent de la Terre de la Prugne-au-Pot, dont le ſuſdit Regnier Pot leur frere eſt ſaiſi à la ſuite immédiate dudit Guillaume Pot leur pere.

MAGNAC.

DeGueules, à deux Pals vairés d'Argent, au chef couſu d'Or.

IIᵉ FEMME, Marguerite DE MAGNAC, Dame d'Abloux & de Munnay, & de ce mariage les enfans qui ſuivent.

3. RAOUL POT, qui ſuivra après Regnier Pot ci-deſſus.

4. LOUIS POT, uniquement connu par l'acte ci-deſſus cité.

I V.

REGNIER POT, premier du nom, Chevalier, Seigneur de la Prugne-au-Pot, la Roche-Nolay, du Bourguignon, Baigneu, &c. Chevalier de la Toiſon d'Or à la premiere promotion de cet Ordre, Conſeiller & Chambellan du Roi & du Duc de Bourgogne, Gouverneur du Dauphiné, Ambaſſadeur en France, Hongrie, Boheme & près l'Electeur Palatin.

Ce qui juſtifie qu'on eſt fondé à croire conſtamment qu'il eſt fils dudit Guillaume Pot ci-deſſus & de Blanche de la Tremoille, & qu'il eſt Seigneur de la Terre ancienne de cette Maiſon appellée de tout temps la Prugne-au-Pot, qu'il tranſmit à ſes ſucceſſeurs, ſans que les enfans de Marguerite de Magnac y euſſent aucune part; c'eſt que la curatelle dès enfans de Guy V, Sire de la Tremoille, Porte-Oriflamme de France & Grand Sénéchal héréditaire de Bourgogne, & de Marie de Sully ſa veuve, remariée alors depuis peu à Charles d'Albret, Connétable de France, fut décernée en 1403, par leurs parens pour ce aſſemblés, à Pierre de la Tremoille, Ecuyer, & à Meſſire Regnier Pot, Chevalier, qui y ſont *affir-mativement dits & dénommés leurs oncles paternels*, & ce de l'avis entre autres de Guillaume de Chamborant, qui y eſt auſſi nommé-ment dit & nommé leur *couſin paternel* (lequel Chamborant étoit fils d'Henor Pot, ſœur dudit Regnier Pot), & que par le teſtament de ce Regnier Pot il ſubſtitua à Jacques ſon fils, au cas qu'il mourût ſans enfans, Jehan de la Tremoille, Seigneur de Jonvelle, *ſon neveu, qui étoit fils dudit feu Guy de la Tremoille :* ce que deſſus eſt conſtaté aux titres des Maiſons de la Tremoille & de Chamborant.

Les autres faits qui le concernent vont être juftifiés par les recueils des regiftres de la Chambre des Comptes de Dijon, & les traits des différens Hiftoriens de France & de Bourgogne, & par les extraits des titres originaux confervés à Paris aux Archives de S. A. S. Mgr. le Prince de Condé, defcendant & héritier par Montmorency des grands biens de ces aînés de la Maifon de Pot, communiqués par M. Dardet, Archivifte de S. A. S., & dont l'énumération eft ici par ordre chronologique : on fuivra le même pour la branche des Seigneurs de Piégu-Pot : celle de Rhodes feroit ainfi fi on eût pu s'en procurer les titres originaux comme des précédentes ; on l'obfervera cependant autant qu'il fera poffible pour tous ceux rapportés dans cette piéce authentique de 1669, dont on vient de parler.

Aux regiftres de la Chambre des Comptes de Dijon, communiqués par Dom Villevieille, Bénédictin de Saint Germain-des-Prés, actuellement occupé de la confection du Tréfor Généalogique, on voit que

» Regnier Pot fut fait Échanfon du Duc de Bourgogne n'étant
» qu'Ecuyer en 1381, & qu'il eft qualifié de Chevalier Cham-
» bellan dudit Duc dans un don qu'il lui fit en ces qualités
» en 1383 ; & que par un autre don de cent francs d'or pour
» avoir un cheval de monture à fon fervice, du 13 Mars audit
» an ; il a les mêmes qualités : que par un autre de 400 livres
» on voit qu'il s'étoit marié le 29 Novembre 1392 au bois de
» de Vincennes : il y eft de plus conftaté qu'il fut à différens
» temps Ambaffadeur de Philippe-le-Hardi Duc de Bourgogne,
» près les Rois de France, de Hongrie, de Boheme, le Prince
» Palatin du Rhin & le Dauphin. »

Aux Inventaires de Bouhin, communiqués comme ci-deffus.

« Regnier Pot eft de ceux qui jurerent fur la vraie Croix
» ès mains d'Alain, Evêque de Leon, la paix en 1420 entre
» le Dauphin & le Duc de Bourgogne ; il eft qualifié Chevalier,
» Seigneur de la Prugne & Procureur, avec plufieurs autres
» Seigneurs, pour pourfuivre près du Roi de France l'affaffinat
» de Jean de Bourgogne, commis par Charles Dauphin le 14
» Janvier 1420, & comme préfent le 4 Février 1424 au traité
» de mariage de Charles de Bourbon avec Agnès de Bourgogne,

» & traita, conjointement avec les Comtes de Joigny, Jacques
» de Courtiamble, le 26 Février 1425, avec Perenet Graſſet,
» Gouverneur de la Charité-ſur-Loire, pour la ſomme de deux
» mille cinq cens écus qu'ils lui devoient.

» Palliot, dans ſon Hiſtoire de Bourgogne, le met au rôle
» des Gens d'armes de M#gr#. le Duc, à qui Charles Roi de
» France ordonna, le 24 Novembre 1383, qu'on payât les
» gages dus pour l'avoir ſervi dans la guerre de Flandre : en
» 1410, étant alors Gouverneur du Dauphiné, il fut employé
» en Guyenne par le Duc de Bourgogne.

» Autre Hiſtoire de Bourgogne par Louis Goluſt, où il eſt
» dit qu'en 1422 Philippe-le-Bon inſtitua l'Ordre de la Toiſon-
» d'or, & fit Regnier Pot, Seigneur de la Roche, l'un des
» premiers Chevaliers de cet Ordre, & que le ſecond Chapitre
» en fut tenu le jour de Saint André 1432, dans l'Egliſe de
» Saint Donnat de Bruges; que ledit Regnier Pot étant mort
» alors, fut remplacé audit Ordre par Jean de Melun, Sieur
» d'Anthoin, &c. »

EXTRAITS des titres originaux conſervés aux Archives de S. A. S.
M#gr#. le Prince de Condé.

1°. « Proviſions de premier Chambellan de Jean fils de Philippe-
» le-Hardi Duc de Bourgogne, &c. en faveur de Meſſire Regnier
» Pot, Chevalier, en reconnoiſſance des ſervices qu'il avoit
» rendus audit Jean dans la guerre contre les Turcs, du 9
» Décembre 1398.

2°. » Lettres de maintenue accordées par le Roi Charles VI
» à ſon amé & féal Chevalier & Chambellan Regnier Pot,
» Seigneur de la Prugne, par leſquelles il ordonne à ſon Par-
» lement de le laiſſer jouir des Château, Terres & Seigneuries
» de la Roche-Nolay en Bourgogne, qu'il avoit acquis de Louis
» de Savoye, Prince de Piémont, lequel tenoit leſdites choſes
» comme héritier de Marguerite de Beaujeu ſa mere, & impoſe,
» ſur ce, ſilence à ſon Parlement, & déroge en conſéquence
» à l'Arrêt qui adjuge les Terres dudit Prince de Piémont au
» Roi & au Marquis de Saluces, le 6 Février 1403.

3°. » Lettres du Roi Charles VI, par leſquelles, en recon-
» noiſſance

» noiſſance des longs & agréables ſervices de ſon amé & féal
» Chevalier, Conſeiller & Chambellan Regnier Pot, Seigneur
» de la Prugne, & pour le dédommager des pertes qu'il avoit
» faites en ſuivant le parti du Roi, il lui donne pour lui &
» les ſiens les Terres & Seigneurie de Baigneux, en la Châ-
» tellenie & Prévôté de Chaonnes, confiſquée ſur Jehanne
» de Harenvilliers, veuve de feu Jehan Crepy, Chevalier,
» Seigneur de Magny, qui ſuivoit le parti des rébelles &
» meurtriers du Duc de Bourgogne, du 9 Avril 1420.

4°. » Lettres par leſquelles Henri, Roi de France & d'An-
» gleterre, fit don à ſon amé & féal Conſeiller Regnier Pot,
» Chevalier, Seigneur de la Prugne & de la Roche, en
» reconnoiſſance de ſes ſervices envers ſes aïeux & pere, dont
» les ennemis dudit Roi détenoient les Terres, 600 livres de
» rente en fonds de terres ; ſçavoir, 300 livres ſur la Terre
» & Seigneurie de Baigneux, y compris les 200 livres
» qu'Alexandre de Bouvier y prenoit ; 100 livres ſur les Terres
» du Seigneur de Chavigny en - deçà la Loire, au Bailliage
» de Sens &c. ; 20 livres ſur la Terre de Cuſinge, appartenant
» ci-devant à Jean Jouvenel ; 15 livres ſur Vilbertin, jadis
» appartenant tant à Hemonnet Raguyer qu'à feu Maître Simon
» Raguyer ; & 30 livres ſur la Terre de Soillay, qui avoit
» appartenu audit Hemonnet, & à préſent confiſquée pour cauſe
» de rebellion & déſobéiſſance, du 9 Mars 1423.

5°. » Teſtament de Regnier Pot, Chevalier, Seigneur de
» la Prugne & de la Roche-de-Nolay, Conſeiller & Chambel-
» lan du Roi & de Monſeigneur le Duc de Bourgogne, par
» lequel il élit ſa ſépulture en la Chapelle du Prieuré de Saint
» George de la Roche, par lui fondée au Patronnage de ſes
» hoirs, & non d'autres, fait des legs à l'Abbaye de Notre-
» Dame du Bourg de Dours en Berry, à Saint Sauveur de
» Troyes, à l'Hôtel-Dieu de Paris, à Notre-Dame de Paris,
» à Notre-Dame de Boulogne, & autres diverſes fondations ;
» ordonne de ſa ſépulture & de ſon tombeau ; donne une
» récompenſe à Aubert de Lobat, Ecuyer, ſon Serviteur ;
» rappelle Dame Catherine d'Angouſſelles ſa femme ; inſtitue
» Meſſire Jacques Pot ſon fils ſon ſeul héritier univerſel, auquel

» il fubftitue Meffire Jehan de la Tremoille, Seigneur de
» Jonvelle, fon neveu, le 20 Mars 1425. Signé Martin le
» Fevre, Notaire à Dijon.

6°. » Copie collationnée au Parlement à la requête de Meffire
» Jacques Pot, Chevalier, de l'acte reçu par Jehan Gros,
» Notaire à Dijon, le 14 Mars 1427, par lequel Regnier Pot,
» Chevalier, Seigneur de la Roche & de Thoray, Confeiller-
» Chambellan du Roi & du Duc de Bourgogne, autorife Dame
» Catherine d'Angouffelles fa femme à pourfuivre fon oppofi-
» tion au décret obtenu par Guillaume Sanguin, Bourgeois de
» Paris, fur fes Terres & biens, pour la fureté & confervation
» des douaire & deniers dotaux de ladite Dame ; ladite colla-
» tion du 7 Septembre 1456. »

ANGOUSSELLES.

De Sable, à une Face d'Or à deux Annelets de même, mis un en chef & l'autre en pointe.

FEMME, Dame Catherine D'ANGOUSSELLES, mariée au bois de Vincennes le 20 Novembre 1392 ; ce qu'appert par le don que fit le Duc de Bourgogne à fon mari ledit jour, en contemplation de leur mariage, dont il n'eft iffu que

JACQUES POT, qui fuit.

V.

JACQUES POT, Confeiller-Chambellan du Roi & du Duc de Bourgogne, Chevalier, Seigneur de la Prugne-au-Pot, la Roche-Nolay, Thoray, Ragny, Melifey, Chauchilart, la Roche-au-Poitevins, les Efcuelles & du Bourguignon, fils unique & feul héritier de Regnier Pot & de Catherine d'Angouffelles, Chevalier, Seigneur & Dame defdits lieux, &c.

1°. « Contrat de mariage de Jacques Pot, Chevalier, fils
» de Regnier Pot, Chevalier, Seigneur de la Prugne & de
» la Roche, avec Marguerite fille de Jacques de Courtiambles,
» Chevalier, Seigneur de Commarin, & de Dame Jacques de
» Blaify fa femme, par lequel lefdits Seigneur & Dame de
» Commarin conftituent en dôt à ladite future leur fille la Terre
» de Biffey-les-Pierres, les Moulins de la Dois, de Laignes,
» avec les cens, rentes, biens, Terres, Juftices & Seigneuries,
» avec la fomme de 1000 livres, à laquelle ledit Regnier affecte
» fa Terre de Bourguignon, & lui affigne un douaire fur fes autres

» Terres de Champagne & de Bourgogne : il eſt auſſi ſtipulé
» par ce contrat que ladite Marguerite viendra à partage avec
» Dame Agnès ſa ſœur, femme de Meſſire Jean de d'Inteville,
» après la mort dudit Jacques leur pere, & que la Terre de
» Commarin appartiendra à ladite Agnès ſi ledit Jacques mouroit
» ſans laiſſer de fils ; en préſence de Révérend Pere en Dieu
» Meſſire Hugues d'Orge, Evêque de Châlons ; Dom Jean de
» Blaiſi, Abbé de Saint Seine ; Nobles Seigneurs Meſſires
» Guillaume de Vienne, Seigneur de Saint-George & de Sainte-
» Croix ; Guy de la Tremoille, Seigneur d'Uchon, Comte de
» Joigny ; & Jehan de la Tremoille, Seigneur de Jonvelle,
» du 7 Janvier 1423. Signé le Fevre, Notaire.

2°. » Donation de la Terre de l'Anglay & de 20 livres de
» rente ſur celle de Villiers-les-Semur, par Dame Jacobte de
» Blaiſi, Dame de Commarin, veuve de Noble & Puiſſant
» Seigneur Meſſire Jacques de Courtiambles, Chevalier, Sei-
» gneur dudit Commarin, à Noble Seigneur Meſſire Jacques
» Pot, Seigneur de Bourguignon, & à Marguerite ſa femme,
» fille dudit feu Seigneur de Courtiambles & d'elle, pour les
» égaler à Dame Agnès leur autre fille, femme de Noble Sei-
» gneur Meſſire Jean de d'Inteville, Chevalier, Seigneur des
» Chonnays, du 6 Décembre 1427. Signé Guyenot & Gri-
» bouleur, Notaires.

3°. » Foi & hommage rendus au Duc Philippe-le-Bon, par
» ſon amé & féal Conſeiller & Chambellan Meſſire Jacques
» Pot, Chevalier, Seigneur de la Roche-Nolay, pour tout ce
» qu'il tenoit de lui en Fief, tant de ſon chef que de celui
» de Dame Marguerite de Courtiambles ſa femme, au Duché
» de Bourgogne, Comté de Tonnerre & Bailliage de Bar-ſur-
» Seine, du 24 Février 1433.

4°. » Donation entre-vifs par Jacques Pot, Seigneur de la
» Prugne-au-Pot en Berri, la Roche-Nolay & Thoray en Bour-
» gogne, Conſeiller-Chambellan du Roi & du Duc de Bourgogne,
» à Philippe Pot ſon fils, de la Terre & Seigneurie de Bour-
» guignon & de la Baronnie de Fols-lez-Bar-ſur-Seine, avec
» toute Juſtice, cens, rentes, &c. ſans qu'il puiſſe les aliéner,
» pour l'entretenir dignement en la Cour & au ſervice du Duc

» de Bourgogne, auquel il venoit de l'attacher, du 14 Septembre
» 1442. Signé Dubois.

5°. » Conceſſion d'un Autel portatif & d'un Prêtre domeſtique
» pour y célébrer la Meſſe, accordée à Noble Jacques Pot,
» Chevalier, Seigneur de la Prugne, Marguerite ſa femme, &
» leurs enſans, par Lettres données à Bourges par Pierre Du-
» mont, Légat *à latere* du Pape Eugene IV, le 26 Septembre
» 1444.

6°. » Nomination de la Chapelle de Saint Jean-Baptiſte,
» fondée par les anciens Seigneurs de Courtiambles dans l'Egliſe
» dudit lieu, à la charge de trois Meſſes par ſemaine, par Noble
» Seigneur Meſſire Jacques Pot, Chevalier, Seigneur de la
» Roche-Nolay & de Thoray-ſur-Ouche, &c. & Noble Dame
» Marguerite de Courtiambles ſa femme, du 27 Mars 1446.

7°. » Lettres de rachat des Terres & Seigneuries des Eſcuelles
» & de la Roche-aux-Poitevins, ſituées en Touraine & Berri,
» vendues pour 1800 livres à Maître Guillaume de Beſançon,
» Procureur au Parlement, le 9 Mars 1444, par Noble homme
» Meſſire Jacques Pot, Chevalier, Seigneur de la Roche-Nolay
» en Bourgogne, & de la Prugne-au-Pot en Berri, fils & héritier
» par bénéfice d'inventaire de feu Meſſire Regnier Pot, Che-
» valier, Seigneur des mêmes Terres, du 15 Mars 1447, reçues
» & ſignées Gaucher & Comteſſe, Notaires au Châtelet de
» Paris. »

COURTIAMBLES

*Echiqueté d'Or &
de Sable.*

FEMME Noble Dame Marguerite DE COURTIAMBLES,
par contrat du 7 Janvier 1423, fille de Jacques de Courtiambles
& de Dame Jacobte de Blaiſi, Chevalier, Seigneur & Dame
de Commarin, &c. & d'eux iſſurent

1. PHILIPPE POT, Chevalier, Seigneur de la Roche-
Nolay, de Château-neuf en Auxois, & Givry en Chalonnois,
de Thoray-ſur-Ouche, & Meliſay &c. ſur lequel exiſte
quantité de titres qu'on n'employe point ici, étant mort ſans
poſtérité, & qu'on n'a beſoin de le connoître que par le rang
qu'il a tenu ès Cours de France & de Bourgogne, « dont
» l'Hiſtoire de Palliot fait honorable mention, aſſurant qu'il
» fut nourri & élevé ſous les yeux de Philippe-le-Bon, qui
» le fit Chevalier & fut ſon parrain en l'élevant à ce titre
d'honneur,

» d'honneur, enfuite l'honora du collier de fon Ordre de
» la Toifon-d'Or , puis le fit fon premier Chambellan &
» Gouverneur de fes Villes & Châteaux de Lille, de Douay
» & Orchies, & le favorifa pendant fa vie de la maniere
» la plus diftinguée, le recommanda avant de mourir à Charles
» fon fils, qui le retint à fon fervice en qualité d'un de fes
» premiers Chambellans, & lui laiffa toutes les Charges qu'il
» avoit à la mort de fon pere ; mais à celle de Charles,
» l'attachement qu'il avoit eu au fervice de ce Prince &
» de fon pere ayant fouvent contrarié les vues de Made-
» moifelle de Bourgogne , elle manda aux Officiers & Bour-
» geois de fes Gouvernemens de le forcer à les abandonner,
» & par-là fut contraint de fe retirer à Tournay, où Louis
» XI, Roi de France , qui connoiffoit fa capacité & fon
» mérite , l'envoya folliciter de venir à fa Cour, où il fe
» rendit , & ce Roi fe l'attacha par toutes fortes d'honneurs,
» de diftinctions & de biens, lui ôtant à fon arrivée le Collier
» de la Toifon-d'Or pour lui donner le fien propre de l'Ordre
» de Saint Michel que naguere il venoit d'inftituer , le fit
» Grand Sénéchal de Bourgogne aux mêmes droits & honneurs
» que celui de Normandie , comme le tout eft conftaté au-
» tour de fon tombeau dans la Chapelle de Saint Jean à
» l'abbaye de Cîteaux , où fe voyent les Armes de cette
» Maifon & de plufieurs de fes alliances, ainfi que la devife
» qu'elle conferve, *TANT L VAUT.* Il mourut avant 1493 ,
» & ce monument lui fut érigé en l'an 1494. »

2. GUY POT, qui fuit, continue la poftérité.

3. JACQUES POT, mort fans avoir été marié.

4. GEORGES POT fut Abbé de Saint Michel-fur-Tonnerre
& Commendataire du Prieuré de Saint Ligier.

5. PHILIPPE POT n'eft connue que par fon mariage du
30 Décembre 1455 , avec Noble homme Geoffroy DE
BEAUVOIR (a), dit D'AUXERRE, Seigneur de Beauvoir
& de Muffy-la-Foffe.

6. ANTOINETTE POT , femme, par contrat du 17 Janvier
1463 , de Noble homme Charles DE SAULX (b), Ecuyer ,
Seigneur de Précy ; & en fecondes noces , avant le 15

(a)
BEAUVOIR.
D'Azur , femé de Billettes d'Or, à la bande de même , brochant fur le tout.

(b)
SAULX.
D'Azur , au Lion rempant d'Or, ar-mé & lampaffé de Gueules.

E

Novembre 1493, de Charles DE BEAUFREMONT, Chevalier, Seigneur de Sombernon & de Clervaux en Montagne,

7. D'EMONDE POT, Religieuse à Marcigny-les-Nones, à laquelle fut assignée en cette qualité, par Jacques Pot son frere, au nom de leur mere, une pension de 10 livres par an sur la Terre de Baulmes en Auxois, par acte du 30 Septembre 1459, signé Bosance, Notaire à Mâcon.

V I.

GUY POT, Comte de Saint-Pol, Chevalier, Seigneur de la Prugne, d'Amville, la Roche-Pot, Thoray-sur-Ouche, Givry, les Escuelles, la Roche-aux-Poitevins, &c. Conseiller & premier Chambellan du Roi, Gouverneur de Touraine, & ci-devant Gouverneur pour le Duc d'Orléans de ses Duchés d'Orléans, de Beaumont, de Valois, & son Chambellan; qualifié, au contrat de mariage de sa fille, de Bailli de Vermandois; selon la Généalogie de Montmorency, étoit second fils de Jacques Pot & de Marguerite de Courtiambles, Chevalier, Seigneur & Dame desdites Terres, &c. fut héritier universel de Philippe Pot son frere aîné, Chevalier de la Toison-d'Or, & depuis de l'Ordre du Roi, son Conseiller-Chambellan, & Grand Sénéchal de Bourgogne.

Originaux qui le concernent, communiqués comme dessus par M. Dardet.

1°. « Lettres par lesquelles Charles Duc d'Orléans, de Milan » & de Valois, Comte de Blois, &c. accorde les profits du Scel » des Duchés de Valois & de Beaumont à son amé & féal » Conseiller & Chambellan Guyot Pot, Ecuyer, qu'il avoit » institué Gouverneur desdits Duchés après le décès de feu » Messire Rigault de Fontaine, Chevalier, du 22 Janvier 1456.

2°. » Accord entre Noble Seigneur Philippe Pot, Chevalier, » Seigneur de la Roche-Nolay & de Château-Neuf, Conseiller-» Chambellan du Duc de Bourgogne, fils aîné de feu Noble » Seigneur Mons.^{gr} Jacques Pot, jadis Chevalier, Seigneur de » la Prugne & de la Roche-Nolay, d'une part; & Nobles » hommes Guiot & Jacques Pot, Ecuyers, ses freres, d'autre: » du consentement de Noble Dame Marguerite de Cour-

» tiambles leur mere , veuve dudit Jacques Pot , par lequel ils
» renoncent à toute communauté de biens & d'actions entre eux
» & lefdits Guiot & Jacques, confentent que leur frere aîné
» puiffe aliéner , vendre & faire à fon plaifir des Terres &
» Seigneuries de Bourguignon & de Fols , fituées au Bailliage
» de Bar-fur-Seine , que leurdit pere avoit jadis données audit
» Meffire Philippe Pot leur frere aîné , du 13 Février 1458.
» Signé Jean Pilon, Notaire à Villeneuve-le-Roi.

3°. » Ordonnance de deux Commiffaires du Parlement de
» Paris , nommés par le Roi pour le régime & gouvernement
» des Terres & Seigneuries du Duc d'Orléans , portant
» mandement au Tréforier & Receveur général des Finances
» dudit Duché payer à Noble homme Meffire Guy Pot,
» Chevalier , Confeiller & premier Chambellan du Roi
» Charles VIII, ce qui pourroit lui être dû tant de la rente de
» 1300 livres que ledit Chambellan avoit acquife depuis environ
» cinq ans de Meffire Jehan de Chalons , Prince d'Orange,
» comme ayant caufe de la Comteffe d'Eftampes , laquelle l'avoit
» eue de partage fait entre elle & Charles Duc d'Orléans , fon
» frere , des acquets jadis faits par feu Louis Duc d'Orléans
» & Valentine de Milan leurs pere & mere , que des 360 livres
» de fa penfion ordinaire , & des 500 livres pour fa récompenfe
» de Couffi. Donnée à Paris & fignée defdits Commiffaires, le
» premier Août 1487.

4°. » Ratification faite par Noble & Puiffant Seigneur Guy
» Pot , Chevalier , Seigneur de la Prugne , d'Anville , &c.
» Confeiller & premier Chambellan du Roi , Gouverneur de
» Touraine , héritier pour le tout de feu Noble & Puiffant
» Seigneur Meffire Philippe Pot fon frere , Chevalier de l'Ordre
» du Roi & Grand Sénéchal de Bourgogne , Seigneur de la
» Roche & de Château-Neuf, d'une tranfaction reçue par
» Feaul, Notaire à Dijon, le 25 Janvier 1493 , entre les y
» dénommés & Frere Georges Pot, Abbé de Saint Michel-fur-
» Tonnerre, fon Procureur fpécial , &c. le 12 Février audit
» an. Signé Pichon, Notaire à Paris.

5°. » Accord par lequel Charles de Beaufremont, Chevalier,
» Seigneur de Sombernon & de Clervaux en Montagne , &

» Antoine Pot fa femme, renoncent à toutes leurs prétentions
» à la fucceffion de feu Meffire Philippe Pot, frere de ladite
» Antoine, Chevalier de l'Ordre du Roi, Seigneur de la Roche-
» Nolay, de Château-Neuf, Neelles, Thoray-fur-Ouche, Cha-
» rency & de la plus grande partie de Givry en Chaonnois,
» aux cinq cens écus après la mort fans hoirs dudit Philippe,
» & aux deux cens écus après celle auffi fans hoirs de Jacques
» Pot, frere de ladite Antoine (ce qui étoit arrivé) , premier
» lefdites fommes promifes audit cas lors de fon premier ma-
» riage avec feu Meffire Charles de Saulx, Chevalier, moyennant
» 5900 livres, que Noble & Puiffant Seigneur Meffire Guy
» Pot, Chevalier, frere de ladite Dame, Seigneur de la Prugne
» & de Damville, Confeiller & premier Chambellan du Roi,
» Gouverneur de Touraine, promet lui payer par le moyen
» de Georges Pot, humble Abbé de Saint Michel-fur-Tonnerre,
» & Commendataire du Prieuré de Saint Ligier, & Pierre
» d'Argilliers, Chanoine de l'Eglife Cathédrale de Beauvoir, &
» Prévôt de l'Eglife de Clermont, fes Procureurs & fpéciaux,
» du 15 Novembre 1493. Signé Guy de Frafans, Jacques Gaf-
» terault, Laurent Jehannot & Nicolas Leault, Notaires à Dijon.

6°. » Copie informe, mais du temps d'environ fa date, du
» teftament de Noble homme Guy Pot, Chevalier, Confeiller
» & premier Chambellan du Roi, Gouverneur de Touraine,
» qui élit fa fépulture en la Chapelle par lui fondée dans l'Eglife
» Saint Lomer de Blois, veut que fon cœur & fes entrailles foient
» laiffés dans l'Eglife d'Amboife, s'il meurt au Château dudit
» lieu ; légue 6000 livres d'argent, 200 marcs de vaiffelle d'ar-
» gent, & toutes fes Terres & Seigneuries fituées au Bailliage
» de Senlis & Comté de Beaumont-fur-Oife & de Clermont en
» Beauvoifis, à Demoifelle Anne Pot fa fille, outre les 1800 livres
» qu'il lui avoit promis en dot lors de fon mariage avec Guillaume
» Seigneur Baron de Montmorency, en confidération de la re-
» nonciation par elle faite à fa fucceffion & à celle de feue
» Damoifelle Marie de Villiers fa mere, la fubftitue à fon héri-
» tier univerfel au cas qu'elle ne querelle pas fa fucceffion,
» finon il donne à fes neveux de d'Inteville toutes fes Terres
» de Bourgogne, & inftitue fon héritier univerfel Regnier Pot
» fon

» fon fils, par acte du premier Février 1494, reçu par F. Gar-
» delas & M. Bourgey.

7°. » Copie informe, mais du temps. Acceptation du tefta-
» ment & fondation de la Chapelle de Noftre-Dame de Pitié en
» l'Eglife de l'Abbaye de Saint Lomer de Blois, par Louis Evêque
» de Tournay, Abbé d'icelle Abbaye congrégée & affemblée,
» capitulant avec fes Religieux en la maniere accoutumée,
» déclarent que connoiffant le dévot & catholique vouloir,
» finguliere & parfaite affection que Noble & Puiffant Seigneur
» Meffire Guy Pot, Chevalier, Seigneur de la Roche, Château-
» Neuf, la Prugne, Damville &c. Confeiller, premier Cham-
» bellan du Roi Charles VIIIe du nom, & fon Gouverneur de
» Touraine, & auffi de Mgr. le Duc d'Orléans, & Gouverneur
» & Capitaine de fon Duché & de Blois, a de tout fon temps
» eu & a de préfent plus que jamais au glorieux Confeffeur &
» ami de Dieu Mgr. Saint Lomer, duquel le précieux corps
» repofe en notre Abbaye, & plufieurs autres reliques & corps
» Saints giffans en icelle ; ils acceptent ladite fondation, &c.
» & que fitôt que le plaifir de Dieu aura féparé fon ame de
» fon corps, le tout fera exécuté felon fon teftament ; déclaré
» & accepté audit Chapitre affemblé le 23 Août 1494. »

FEMME, Marie DE VILLIERS, Veuve de Louis de Soye-
court furnommé le Grand Seigneur de Moy & de Romaux, fille
de Jacques de Villiers, Seigneur de l'Ifle-Adam, &c. Chevalier,
Confeiller & Chambellan du Roi, Sénéchal de Boulogne & Garde
de la Prévôté de Paris, & de Dame Jeanne de Néelle fon époufe ;
elle étoit fœur de l'illuftre Philippe de Villiers, Grand-Maître de
l'Ordre de Saint Jean-de-Jérufalem, depuis dit de Malte ; de Louis
de Villiers, Evêque Comte de Beauvais, Pair de France ; petite-
fille de Jean de Villiers-l'Ifle-Adam, Maréchal de France, & niéce
d'autre Jean de Villiers, Grand-Maître de Rhodes ; le tout prouvé
aux grands Officiers de la Couronne, Généalogie de l'Ifle-Adam,
tome VII, pages 12 & 13. Et d'eux iffurent

VILLIERS.
L'ISLE-ADAM.

D'Or, au Chef d'Azur, chargé d'un Dextrochere revêtu d'un Fanon d'Her-mine, brochant fur le tout.

1. REGNIER ou RENÉ POT, Chevalier, Seigneur de
la Prugne-au-Pot, la Roche-Pot, Damville, &c. Echanfon
ordinaire du Roi, & fon Sénéchal de Beaucaire. » Charles
» VIII lui accorda des Lettres de fouffrance pour l'hommage

» des Terres qu'il lui devoit à cause de la mort de Guy Pot
» son pere, le premier Mars 1494, & fut tué, sans avoir été
» marié, devant Salce d'un coup d'artillerie, selon Montrellet,
» dans ses Chroniques, en l'an 1502; » ce qui rendit sa sœur
une des plus riches héritieres de France.

    2. ANNE POT. On ajoute ici son auguste descendance.

V I I.

ANNE POT, fille de Guy Pot & de Marie de Villiers-l'Isle-Adam, devint héritiere en l'an 1502 de Regnier Pot, Chevalier, Seigneur de la Prugne-au-Pot, son frere, & avoit ci-devant épousé, par contrat du 17 Juillet 1484, Guillaume DE MONTMORENCY, premier Baron de France, Seigneur d'Escouen, Chantilly, Conflans-Sainte-Honorine, &c. Conseiller & Chambellan des Rois Charles VIII, Louis XII & François Ier, Chevalier de l'Ordre du Roi, Chevalier d'honneur de Louise de Savoye, mere du Roi, Gouverneur & Bailli d'Orléans, Capitaine de la Bastille, du Bois de Vincennes & de Saint-Germain-en-Laye, fils de Jehan, second du nom, Seigneur de Montmorency, Conseiller-Chambellan des Rois Charles VII & Louis XI, premier Baron & Grand Chambellan de France, & l'unique fils qu'il eut de Marguerite d'Orgemont sa seconde femme. Du mariage dudit Guillaume & d'Anne Pot est issu ANNE DE MONTMORENCY, qui suit.

MONTMORENCY.

D'Or, à la Croix de Gueules, cantonnée de seize Alerions d'Azur.

V I I I.

ANNE DUC DE MONTMORENCY, premier Baron, Pair, Maréchal, Grand-Maître & Connétable de France, Chevalier des Ordres de Saint Michel & de la Jarretiere, premier Gentilhomme de la Chambre du Roi, Gouverneur de Languedoc, Comte de Beaumont-sur-Oise & de Dammartin, Vicomte de Melun & de Montreuil, Baron de Château-Briant, de Damville, de Préaux, de Fere en Tardenois & de Mont-Beron, Châtelain de l'Isle-Adam, de Nogent & de Val-Mondois, Seigneur de Compiegne, de Chantilly, d'Escouen, de Villiers-le-Bel, d'Offemont, de Néelle, de

Château-Neuf, de la Roche-Pot, de Dangu, de Meru, de Vigny, de Thoray, de Maintenay & de Macy, né à Chantilly le 15 Mars 1492, mort des bleffures qu'il reçut à la bataille de Saint-Denis, le 12 Novembre 1567, après avoir époufé Magdelaine DE SAVOYE, Dame d'honneur de la Reine Elifabeth d'Autriche, fille de René Bâtard de Savoye, Comte de Villars, Chevalier de l'Ordre du Roi, Grand-Maître de France & Gouverneur de Provence, & d'Anne de Lafcaris, Comteffe de Tende, par contrat du 10 Janvier 1526, & eurent entre autres enfans

SAVOYE.
De Gueules, à la Croix d'Argent, au Bâton d'Azur mis en barre, brochant fur le tout.

HENRI DE MONTMORENCY, qui fuit.

I X.

HENRI DE MONTMORENCY, premier du nom, Duc de Montmorency, premier Baron, Pair, Maréchal & Connétable de France, Chevalier des Ordres du Roi, Gouverneur de Languedoc, Lieutenant Général en Guyenne, Provence & Dauphiné, Comte de Dammartin & d'Alets, Baron de Château-Briant & de Damville, Seigneur de Chantilly, d'Efcouen, &c. naquit à Chantilly le 15 Juin 1534, & mourut à la Grange de Pefénas, en Languedoc, le 16 Avril 1614; avoit époufé en fecondes nôces, par contrat du 29 Mars 1593, Louife DE BUDOS, veuve de Jacques de Grammont, Seigneur de Vafcheres, & fille aînée de Jacques de Budos, Vicomte de Portes, Chevalier de l'Ordre du Roi, & de Catherine de Clermont - Montoifon, duquel mariage iffue entre autres enfans

BUDOS.
D'Azur, à trois bandes d'Or.

CHARLOTTE-MARGUERITE DE MONTMORENCY, qui fuit.

X.

CHARLOTTE-MARGUERITE DE MONTMORENCY, née le 11 Mai 1594, mariée, par contrat du 3 Mars 1609, à Henri DE BOURBON, fecond du nom, Prince de Condé, premier Prince du Sang, premier Pair & Grand-Maître de France, Duc d'Enghien, de Château-Roux, d'Albret, de Belle-Garde, & par elle de Montmorency, Chevalier des Ordres du Roi, Gouverneur de

BOURBON-CONDÉ.
D'Azur, à trois Fleurs de Lys d'Or, au Bâton de Gueules péri en bande.

Bourgogne, de Breffe & de Berry, fils de Henri de Bourbon, premier du nom, Prince de Condé, & de Charlotte de la Tremoille, fa feconde femme, qui accoucha de ce Prince fix mois après la mort de fon mari, à Saint-Jean-d'Angely, le 12 Septembre 1588, & de ce mariage, entre autres enfans, eft iffu

LOUIS DE BOURBON, qui fuit.

X I.

LOUIS DE BOURBON, fecond du nom, Prince de Condé, furnommé le Grand, premier Prince du Sang, premier Pair de France, Duc de Bourbonnois, d'Enghyen, de Château-Roux, de Montmorency & de Bellegarde, Chevalier des Ordres du Roi, Grand-Maître de France, Gouverneur de Bourgogne & de Breffe, né à Paris le 8 Septembre 1621, fut un des plus grands hommes que la France ait eu; époufa, le 7 Février 1641, Claire-Clémence

MAILLÉ.
D'Or, à trois Faces ondées de Gueules.

DE MAILLÉ, Ducheffe de Fronfac & de Chaumont, Marquife de Brezé & de Graville, Comteffe de Beaufort en Valée, & Baronne de Treves, fille d'Urbain de Maillé, Marquis de Brezé, Maréchal de France, & de Nicole du Pleffis-Richelieu, dont entre autres enfans eft iffu

HENRI-JULES DE BOURBON, qui fuit.

X I I.

HENRI-JULES DE BOURBON, troifieme du nom, Prince de Condé, premier Prince du Sang, premier Pair & Grand-Maître de France, Duc de Bourbonnois, d'Enghyen, de Château-Roux, Montmorency & de Bellegarde, Chevalier des Ordres du Roi, Gouverneur de Bourgogne & Breffe, naquit à Paris le 22 Juillet

BAVIERE.
Ècartelées au 1er & 4 de Sable, au Lion d'Or couronné, au 2 & 3 lofangé d'Argent & d'Azur en bande.

1643, & fut marié dans la Chapelle du Louvre le 11 Décembre 1663, à Anne DE BAVIERE, feconde fille d'Edouard de Baviere, Prince Palatin du Rhin, & d'Anne de Gonzague-Cleves, née le 13 Mars 1648, dont entre autres enfans eft iffu

LOUIS DE BOURBON, qui fuit.

XIII.

XIII.

Louis, troifieme du nom, Duc de Bourbon, d'Enghien, de Château-Roux, Montmorency, Bellegarde, Pair & Grand-Maître de France, Chevalier des Ordres du Roi, Gouverneur des Provinces de Bourgogne & Breffe, né à Paris, Hôtel de Condé, le Jeudi 11 Octobre 1668, fur le midi, baptifé le 16 Janvier 1679, & nommé par le Roi; fut pourvu en furvivance, le 24 Juillet 1685, de la Charge de Grand-Maître de la Maifon du Roi, & du Gouvernement de Bourgogne, par Lettres du 26 du même mois, regiftrées au Parlement le 9 Août fuivant, & fut Chevalier des Ordres du Roi le 2 Juin 1686; il accompagna Mgr. le Dauphin au fiége de Philisbourg en 1688, fuivit le Roi à ceux de Mons en 1691, & de Namur en 1692; fe fignala au combat de Steenkerke, donné le 3 Août de la même année; il combattit avec vigueur & courage, & chargea plufieurs fois les ennemis; il fe trouva en 1693 à la bataille de Nerwinde, étant Lieutenant Général des Armées du Roi, fe mit à la tête des Troupes & ramena les Officiers & Soldats, rebutés par plufieurs attaques; fe mêla plufieurs fois parmi les Ennemis, & contribua beaucoup par fa valeur & par fon exemple à la victoire qui y fut remportée. Il fervit en Flandres fous Mgr. le Dauphin en 1694, & mourut fubitement à Paris le 4 Mars 1710, âgé de 42 ans; fon cœur fut porté aux Jéfuites rue Saint-Antoine, & fon corps à Valery.

Femme, Louife-Françoife DE BOURBON, dite Mademoifelle DE NANTES, fille Naturelle & légitimée du Roi Louis XIV du nom, dès le premier Juin 1673, baptifée à Saint Sulpice de Paris le 18 Décembre fuivant, mariée à Verfailles le 24 Juillet 1685, duquel mariage entre autres enfans . . . .
LOUIS-HENRI DE BOURBON, qui fuit.

BOURBON-NANTES.

D'Or, à 3 Fleurs de Lys d'Azur, au Bâton de Gueules peri en barre.

XIV.

LOUIS-HENRI DE BOURBON, quatrieme du nom, Duc de Bourbon, d'Enghyen, de Château-Roux, Montmorency & de Bellegarde, Pair & Grand-Maître de France, Chevalier des Ordres du Roi & de la Toifon-d'Or, Gouverneur de Bourgogne & de

Breſſe, Sur-Intendant de l'éducation du Roi Louis XV, Chef du Conſeil de Régence, & auſſi principal Miniſtre de l'Etat, & Sur-Intendant général des Poſtes, &c. naquit le 18 Août 1692; fut marié en ſecondes nôces à Charlotte de HESSE-RHIN-FELS, morte en 1741, dont entre autres enfans eſt iſſu

LOUIS-JOSEPH DE BOURBON, qui ſuit.

HESSE-RHIN-FELS.

D'Azur, au Lion burelé, couronné d'Argent & de Gueules, de 10 piéces.

X V.

LOUIS-JOSEPH DE BOURBON, cinquième du nom, Prince de Condé, Prince du Sang, Pair, Grand-Maître de France, Colonel Général de l'Infanterie Françoiſe & Etrangere, Duc d'Enghyen, de Bourbonnois & de Guyſe, Gouverneur & Lieutenant Général des Provinces de Bourgogne & Breſſe, Lieutenant Général des Armées du Roi, & Chevalier de ſes Ordres, né le 9 Août 1736, marié à Charlotte DE ROHAN, fille de Charles Prince de Rohan-Soubiſe, Maréchal de France, & d'Anne-Marie-Louiſe de la Tour de Bouillon, morte le 5 Mars 1760, dont eſt iſſu

LOUIS-HENRI-JOSEPH DE BOURBON, qui ſuit.

ROHAN-SOUBISE

Parti de 3 Traits, coupé d'un au chef d'Evreux, au 2 de Navarre, au 3 d'Arragon, au 4 d'Ecoſſe, au 5, qui eſt le 1 de la pointe, de Bretagne, au 6 de Milan, au 7 d'Argent à la face de Gueules, à la Bordure d'Azur qui eſt de Saint Severin, au 8 de Lorraine, ſur le tout de Rohan, qui eſt de Gueules à 9 Macles d'Or.

ORLÉANS.

D'Azur, à 3 Fleurs de Lys d'Or, au lambelle de trois pendans d'Argent.

X V I.

LOUIS-HENRI-JOSEPH DE BOURBON, ſixieme du nom, Duc de Bourbon, Grand-Maître de France, Gouverneur de Bourgogne & Breſſe en ſurvivance de ſon pere, Gouverneur de Champagne, & Chevalier des Ordres du Roi, né le 13 Avril 1756, marié le 14 Avril 1770 à Louiſe-Marie-Thérèſe-Bathilde D'ORLÉANS, fille de Louis-Philippe d'Orléans, premier Prince du Sang, & de Louiſe-Henriette de Bourbon-Conti, dont eſt iſſu

N........ DE BOURBON, qui ſuit.

X V I I.

N........ DE BOURBON, Duc d'Enghyen, né le 2 Août 1772, à Chantilly, où il a été ondoyé. Il n'eſt point encore nommé, parce qu'on ne lui a point juſqu'à ce jour ſuppléé les cérémonies du Baptême.

§. Ier.

BRANCHE

DES

SEIGNEURS DE PIÉGU-POT,

EN POITOU.

I V.

Raoul Pot, fecond du nom, Seigneur de Puyagu, depuis appellé Piégu-Pot, Lavault-Pot, le Balloffier, &, par fa femme, des Croix de Rhodes, Chevalier, Bailli & Gouverneur d'Orléans, fecond fils de Guillaume Pot, & devenu l'aîné des enfans qu'il eut de Marguerite de Magnac.

Requille, dans fon Recueil des antiquités de la Ville & Duché d'Orléans, fait honorable mention de lui en qualité de Gouverneur de cette Ville & Province, de même que de Guy Pot dont on a parlé à la branche aînée, que par erreur il a pris pour fon petit-fils.

Il eft relaté au Jugement cité ci-deffus 1°. « Sentence inti-
» tulée de Guillaume de Punerin, Lieutenant de Meffire Raoul
» Pot, Chevalier du Roi, notre très-fage Gouverneur & Bailli
» d'Orliens, par laquelle fut donné main-levée de trois arpens
» de prés, faifis & régis fous la main du Roi au profit d'Adam
» Bellin, le 16 Août 1384. Signé Dubois.

2°. » Accord paffé en Parlement entre Meffire Humbert de
» Beauvilliers, Seigneur de Dizez, & Vincent Coquaut, qui
» fe difputoient un droit de rachat fur un fixieme des dîmes
» des Paroiffes y dénommées : Beauvilliers, en vertu de fa
» Seigneurie de Dizez, & Coquaut, par Lettres de Monfeigneur
» Raoul Pot, Gouverneur du Bailliage d'Orliens, fit appeller
» ledit Humbert pardevant Mgr. le Gouverneur ou fon Lieutenant
» à Beaugency, où intervint Sentence au profit du Seigneur de
» Dizez, dont Coquaut fut appellant au Parlement, où les

» chofes furent réglées aux claufes y mentionnées le 5 Mars 1386.
» Signé Jouvence.

3°. » Extrait des Regiftres de la Chambre des Comptes de
» Paris, communiqué par Dom Villevieille; il exifte au livre,
» *Liber principum*, pour l'année 1389, que Meffire Guillaume
» Pot, Chevalier, fils de feu Meffire Raoul Pot, Chevalier,
» Gouverneur d'Orléans, donna quittance en cefdites qualités,
» des arrérages des gages de fondit pere qui lui reftoient dus,
» à Jean Pafcaut, Receveur du Bailliage d'Orléans. »

Il eft encore relaté fur fon article au précédent Jugement, comme
ci-deffus, une tranfaction qui, aux termes de cette piéce authentique, eft dite partie en Latin.

4°. « Tranfaction entre Dame Jeanne de Ceris, Dame des
» Croix-de-Rhodes, veuve de Meffire Raoul Pot, Chevalier,
» Seigneur de Piégu & de Rhodes; d'une part; & Meffire Louis
» du Pefchin, à caufe de Dame Ifeuil de Sully fa femme, fille
» de Meffire Guillaume de Sully, lequel Guillaume avoit été
» fon tuteur & avoit gouverné fes biens, d'autre : du 18 Janvier
» 1390. »

CERIS.
*D'Or, à 9 Lofan-
ges de Gueules, 3,
3, 2 & 1.*

FEMME, Dame Jeanne DE CERIS, fille de Meffire Guy de
Ceris, Chevalier, Seigneur des Croix-de-Rhodes, Sénéchal de
Rouergue, tué l'an 1399 devant Montpellier; elle étoit vraifemblablement niéce d'Ifeul de Ceris, mariée en 1368 à Guillaume
de Sully, premier du nom, qui avoit été fon tuteur, comme on
vient de le voir, qui étoit Seigneur de Vuillon, la Chapelette,
Saint-Aouft, Corps & de Rome-Fort; & ladite Ifeul, fille de Jean
de Ceris, Seigneur d'Orfons, Capitaine de Dun-le-Roi, fils de
Guy de Ceris, Seigneur de Ceris près Cluys, & Crofant dans la
Marché, Chevalier, Chambellan du Roi Philippe-le-Long, qui lui
fit don pour lui & fes hoirs, à caufe des fervices qu'il lui avoit
rendus, de la Terre & Seigneurie d'Orfons, affife en la Châtellenie
de Loches, & vivoit en 1369, étant Souverain Maître de l'Hôtel
du Roi, Charge de la Couronne, depuis dite Grand-Maître de
France, ainfi qu'on le voit à fon article, Hiftoire des grands Officiers
de la Couronne, tome VIII, page 313; & même Hiftoire, pour
Ifeul de Ceris, Généalogie de Sully, tome II, page 868 : & du
mariage dudit Raoul Pot & Jeanne de Ceris iffurent

I. GUILLAUME

[29]

1. GUILLAUME POT, qui, en 1389, donna quittance au Receveur du Bailliage d'Orléans des arrérages dus à fon pere à caufe des appointemens de fon Office de Gouverneur d'Orléans, eſt-mort fans poſtérité avant l'an 1401 , ainſi qu'on le verra.

2. RAOUL POT, qui fuit.

3. LOUIS POT a fait la branche des Seigneurs de Rhodes , & fuivra après la branche de fon aîné, §. II.

4. GUY POT, mort, ainſi que Guillaume fon aîné, avant 1401, au rapport du partage de leurs fucceſſions & de leurs pere & mere , entre leurs autres freres & fœur.

5. HUGUETTE POT étoit femme, dès avant ce même partage, de Guillaume DE L'AIGUES, Chevalier, Chambellan du Roi & de M. le Duc de Bourgogne.

DE L'AIGUES,
ou
DE L'AIGNES.
Si c'eſt
DE L'AGE,
*D'Or , à la Croix
de Gueules.*

V.

Noble & Puiſſant homme Meſſire RAOUL POT, troiſieme du nom , Seigneur de Piégu-Pot, Lavault-Pot, Rhodes & le Balloffier, devenu fils aîné de Raoul Pot, fecond du nom, Bailli & Gouverneur d'Orléans, & de Jeanne de Ceris, Dame des Croix-de-Rhodes, fa femme, qui porta la Terre de Rhodes dans cette Maifon, dont une branche très-éclatante a pris le nom, de même qu'on le verra après celle-ci, §. II.

1°. « Sous le fcel de la Prevôté de Paris, tranſaction entre
» Noble homme Meſſire Guillaume de l'Aigues , Chevalier,
» Chambellan du Roi & de M. le Duc de Bourgogne, au nom
» de Dame Huguette Pot fa femme; Meſſire Raoul Pot, Che-
» valier ; Meſſire Louis Pot, Ecuyer, freres de ladite Huguette,
» tranſigent fur les droits à elle revenans aux fucceſſions de
» feu Meſſire Raoul Pot, Chevalier, & de feue Dame Jeanne
» de Ceris fa femme, leurs pere & mere, & en celles de feus
» Meſſires Guillaume & Guy Pot leurs freres. Original en par-
» chemin, du 11 Mars 1401. Signé Beguinot & Petiz.

2°. » Sous le fcel de Montmorillon, aveu du Fief de la
» Bure, fourni par Guy de Chazerat, Ecuyer, à Noble &
» Puiſſant homme Meſſire Raoul Pot, Chevalier, Seigneur de

H

» Puyagu. Original en parchemin, du 20 Décembre 1416.
» Signé Azalenne. »

LA ROCHE.

De Gueules, à 3 Rocquets d'Or, 2 & 1.

FEMME, Dame Jeanne DE LA ROCHE, fimplement ainfi qualifiée & dénommée au partage de fes biens & de ceux de fon mari après leur décès, ainfi qu'on le verra ci-deffous, en date du 20 Mars 1449, où leurs enfans font nommés dans cet ordre.

1. ANTOINE POT, qui fuit.

2. CHRISTOPHE POT fit la branche de Lavaut-Pot, qu'on ne détaille point ici, n'ayant pas les titres qui la concernent.

BERNEULS.

D'Or, à une Coquille de Sable, au chef abaiffé d'Hermine.

3. JEANNE POT, femme de Noble homme Jacques DE BERNEULS, Seigneur de Chineau & de Jué, avant 1449 ; ce qu'on voit par une vente que fon mari fit à Dame Catherine Egron, femme de Raoulx Pot de Piégu, fon neveu, des biens qu'elle avoit eu en partage fur ladite Terre de Piégu.

4. HUGUETE POT étoit auffi mariée avant le partage de 1449 ; c'eft elle fans doute qui eft nommée Dame

D'ARGENTE.

D'ARGENTE, qui eft tout ce qu'on fait d'elle.

5. MARGUERITE POT, au même partage, eft nommément dite mariée, mais fans que les titres difent à qui.

V I.

Noble homme ANTOINE POT, Seigneur de Puyagu & du Balloffier, fils aîné de Raoul Pot, troifieme du nom, & de Jeanne de la Roche, Chevalier, Seigneur & Dame de Piégu-Pot, Lavault-Pot, le Balloffier, &c. Il eut comme aîné, par le partage des biens de fes pere & mere, qui va fuivre, entre fon frere puîné, lui & leurs fœurs, entre autres biens la Terre & Seigneurie de Puyagu en Poitou, Généralité de Bourges, Diocéfe de Limoges, fur les confins de la baffe Marche, tranfmife fans interruption jufqu'à ce jour à fes defcendans fous le nom de Piégu-Pot, qu'il paroît que la confidération feule du Public pour fes Seigneurs lui a donné ; car il n'exifte d'autre autorité de cette addition de nom qu'une Commiffion donnée par Henri III, fous la dénomination de Seigneur de Piégu-Pot, à fon cher & bien amé Jean

[31]

Pot, Seigneur de Piégu-Pot, pour lever deux cens hommes de
guerre, ce qu'on verra au quatrieme dégré qui fuit, qui eft le Xe
de cette branche.

Quoiqu'on ait, au commencement de cet Ouvrage, obfervé
ce fait honorable au nom de cette Maifon, fi commun à plufieurs
de fes Terres, on n'a pu fe refufer cette digreffion avant de rap-
porter les titres juftificatifs de fon exiftence & de fa filiation.

1°. « Sous le fcel de Montmorillon, aveu en Latin du Fief
» de la Bure, fourni à Noble homme Antoine Pot, Ecuyer,
» Seigneur de Puyagu, par Damoifelle Loubes, Dame de Riz,
» tant en fon nom que comme tutrice de fes enfans & de feu
» Guyot de Chazerat, vivant fon mari. Original en parchemin,
» du 24 Juillet 1433. Signé Galand.

2°. » Sous le fcel de Montmorillon, inféodation renouvellée
» d'héritages nommés la Jeanne Nadeau, dépendans du Village
» de Ratenon, aux y dénommés, pour eux & leurs hoirs &c.
» par Noble Antoine Pot, Ecuyer, Seigneur de Puyagu, &c. aux
» conditions par les preneurs de payer à lui & à fes fucceffeurs
» Seigneurs dudit Puyagu, annuellement & à perpétuité, en-fus
» des anciens cens, rentes & autres devoirs accoutumés, par cha-
» cune année, huit boiffeaux froment & huit boiffeaux d'avoine,
» mefure Terre-aux-Feuilles, une geline, vingt-un fols en deniers,
» & à faire chacun à leur tour, chaque jour de la femaine,
» guet & garde à fa Fortereffe & Chaftel dudit Puyagu, &
» d'être fes Jufticiables de ferve condition. Original en par-
» chemin, du 6 Février 1447. Signé Martin.

3°. » Sous les fcels de Montmorillon & de Broffe, partage
» entre Nobles perfonnes Antoine Pot, Ecuyer, Seigneur de
» Puyagu ; Chriftophe Pot, Ecuyer, fon frere, des Foribereffes,
» Seigneuries, hommes, femmes, cens, rentes, dixmes, do-
» maines, &c. à eux advenus des décès de Meffire Raoul Pot,
» Chevalier, Seigneur de Puyagu, & de Dame Jehanne de la
» Roche, leur pere & mere, où eft dit qu'il étoit refté audit
» Antoine, comme aîné, la Terre & Seigneurie de Puyagu,
» & audit Chriftophe celle de Lavault-Pot ; & de plus que
» Damoifelles Jeanne, Huguette & Marguerite Pot leurs fœurs
» avoient eu & reçu dudit Antoine, au temps de leurs ma-

» riages, 700 royaulx des deniers de Damoiselle Françoise de
» Brisey sa femme; de plus y conviennent lesdits freres de
» n'avoir, par le présent, partagé la Terre de Balloffier en la
» Baronnie de Château-Roux, ni les autres biens, dixmes,
» vignes & domaines scis au Bourg de Saint-Marceault, & ainsi
» d'en jouir entr'eux par moitié jusqu'à ce; en date du 20 Mars
» 1449. Signé en sa minute, Pichon & L. Martin. Expédition
» originale sur icelle, par Commission des Grandes - Assises
» Royaux de Montmorillon, du 21 Septembre 1523. Signé
» Pichon & L. Pichon, à ce commis par autorité royale.

   4°. » Sous le scel de Magnac; vente au profit de Noble
» homme Antoine Pot, Ecuyer, Seigneur de Puyagu, tant
» d'une rente annuelle & perpétuelle sur les lieux de la Ville-
» Augay, Beautars, Puy-Ferrat, Puy-Piton & Lachirade, de
» cent sols tournois, que bled, mesure Terre-aux-Feuilles, à lui
» consentie pour le prix de 50 écus d'or, par Noble homme
» Antoine de Ricoux, Ecuyer, Seigneur dudit lieu & de
» Solempniac. Original en parchemin du 8 Juillet 1457.
» Signé Descoux.

BRISEY.
Burelé d'Argent & de Gueules, de 8 piéces.

FEMME, Damoiselle Françoise DE BRISEY, mariée avant le 20 Mars 1449, date du partage d'Antoine Pot son mari avec ses freres & sœurs, de même qu'on a vu, & où elle est simplement ainsi qualifiée & nommée, & d'eux issurent

   1. RAOULX POT, qui suit.

   2. CATHERINE POT, « femme, par contrat du 9 Jan-
» vier 1486, de Noble homme Pierre DE LA COURCELLE,
» Seigneur de la Courcelle, Paroisse de Saint-Perehc-la-
» Marche, au Diocèse de Bourges. »

LA COURCELLE.
De Gueules, à une Hydre d'Or, l'Ecu bordé de Merlettes d'Argent.

V I I.

Noble homme RAOUX *ou* RAOULX POT, quatrieme du nom, Seigneur de Piégu-Pot & de la Reface, Paroisse de Vic en Berry, Terre qui lui vint par Dame Catherine Egron sa femme, fut le seul fils d'Antoine Pot & de Françoise de Brisey, Seigneur & Dame de Piégu-Pot, le Balloffier, &c.

Les titres restés de lui à ses successeurs ne donnent point connois-

sance

fance de fes fervices Militaires , ce qui arrive affez fouvent dans les plus grandes Maifons, qui , indépendamment de leur haute naiffance , étoient encore obligées indifpenfablement au fervice de l'Etat, à caufe de leurs Fiefs ; mais foit négligence du temps , ou plus vraifemblablement amour propre , n'ayant pas eu ces places dont l'éclat du commandement infpire aux grandes ames le defir d'en inftruire la poftérité , ne faifoient aucune mention dans les actes qu'ils paffoient du premier grade Militaire dont ils fe trou-voient alors pourvus , quoique tous fe foient fait honneur ; les Princes & les plus qualifiés du Royaume , de commencer leurs premieres armes par celui d'Homme d'armes des Compagnies des Ordonnances , où n'étoient alors admis que des Nobles ; on ne voit prefque pas dans les titres de leurs Maifons qu'ils en ayent pris la qualité ; on ignoreroit même de la plûpart qu'ils y euffent fervi , fi on ne retrouvoit pas quelques noms de ceux confervés dans le petit nombre de montres-nobles fauvés de la voracité des temps.

Il eft donc conftant que Raoul Pot a rempli , avec le zele inné dans le cœur de la Nobleffe Françoife , cette obligation exigée dans tous les hommes de fon rang envers le Roi & la Patrie : la perte des documens qui conftateroient littéralement ce fait ne doit rien faire préfumer qui y foit contraire.

1°. « Sous le fcel de Limoges : Tranfport de droits fucceffifs
» fait à Noble homme Raoux Pot, Ecuyer, Seigneur de Puyagu,
» par Damoifelle Catherine Pot, à elle revenant en la fucceffion
» de Noble homme Antoine Pot, Ecuyer, Seigneur de Puyagu,
» leur pere, & de ceux échus de celle auffi de leur mere.
» Original en parchemin , du 9 Janvier 1486. Signé Louis
» du Breuil.

2°. » Sous le fcel de Limoges : Contrat de mariage de Noble
» homme Pierre de la Courcelle , Ecuyer, Seigneur dudit lieu,
» Paroiffe Saint Perehc-la-Marche, Diocèfe de Bourges , d'une
» part ; & de Noble Damoifelle Catherine Pot, fille de Noble
» homme Antoine Pot, vivant Ecuyer, Seigneur de Puyagu,
» Paroiffe Saint Sulpice - les - Feuilles, Diocèfe de Limoges,
» affiftée de Raoux Pot , Ecuyer, Seigneur de Puyagu, fon
» frere, qui lui affure en dot, pour ce qu'elle a à prétendre

I

» aux fucceffions de leurs pere & mere , 400 livres , en pré-
» fence de Noble homme Jehan Coigne, Ecuyer, Seigneur de
» la Salle-d'Arnac , & de Guillaume Pot , Ecuyer, Seigneur de
» Lavault & autres. Original en parchemin, du 9 Janvier 1486.
» Signé du Breuil.

    3.° » Aveu du Fief de la Bure, fourni par Pierre de Cha-
» zerat , Ecuyer, Seigneur dudit lieu , & du Riz , à Noble
» homme Raoulx Pot, Ecuyer, Seigneur de Puyagu, à caufe
» de fon Chaftel & Seigneurie dudit Puyagu. Original en par-
» chemin, du 7 Octobre 1486. Signé Petitpied.

    4.° » Sous le fcel de la Vicomté de Broffe : Vente confentie
» par Noble homme Jacques de Berneuils, Ecuyer, Seigneur
» de Chineau & de Jué en partie, de Puyagu ; au nom de Noble
» Damoifelle Jeanne Pot fa femme , pour ce fondé de fa pro-
» curation, d'une rente de quatre feptiers feigle, mefure Terre-
» aux-Feuilles , à elle appartenant de droit, & portion fur les
» molins de Puyagu , au profit de Noble Damoifelle Catherine
» Egrine , femme de Noble homme Raoulx Pot, Ecuyer, Sei-
» gneur dudit Puyagu, à ce préfent , & autorifant ladite Dame
» fa femme. Original en parchemin, du 5 Mars 1487. Signé
» de Puyferrat.

    5°. » Sous les fcels de Limoges & de l'Officialité de Bourges:
» Tranfaction en latin qui régla les conteftations mues entre
» Nobles perfonnes Raoulx Pot, Jehan de la Lande, Ecuyers,
» héritiers de par leurs femmes de Meffire Guillaume de Chaures,
» Prévôt Conventuel de l'Abbaye de Saint Benoît-du-Sault, &
» les Religieux de ladite Abbaye , qui foutenoient que ledit
» de Chaures avoit fondé à perpétuité une Meffe chaque jour
» en leur Eglife , qu'ils avoient dite felon fa volonté depuis fon
» décès , & que pour ce il avoit augmenté leurs Prébendes de
» 50 livres chaque. Original en parchemin, du 12 Septembre
» 1487. Signé Pichon & Jolity.

    6°. » Sous le fcel de Château-Mellian : Teftament de Dame
» Catherine Egron , *y dite Egrine*, Dame de Puyagu & de
» Lareface, veuve de Raoulx Pot, après avoir donné fon ame à
» Dieu & l'avoir recommandée à la benoifte Cour des Saints
» & Saintes de Paradis, veut qu'après fa mort fon corps foit

» enfépulturé près ceux de fes pere & mere devant l'Autel
» Monfieur Saint Antoine de l'Eglife Paroiffiale de Vic, avoir
» ordonné des prieres qu'elle veut être faites à fon convoi, qua-
» rantaine & bout de l'an, de ce qu'il fera donné aux Prêtres
» qui y afflueront, & aux Pauvres particulierement, à ceux qui
» y porteront des torches aux écuffons de fes Armes, &c.
» Inftitue fes héritiers en fes Seigneuries & biens Guyot Pot
» & Mafehe-Jeanne Pot, fes enfans & dudit feu Raoulx Pot fon
» mari, en la forme & maniere y mentionnée. Original en par-
» chemin, du 12 Juin 1504. Signé Panarjon & Seignereau. »

FEMME, Noble Damoifelle Catherine EGRON, Dame de la
Reface, Terre qu'elle porta à fon mari, & qui fut le partage de fa
fille ; elle veut, comme on vient de le voir, être enterrée près
de fes pere & mere, fans en dire les noms, & nomme les enfans
de fon mariage avec Raoulx Pot dans cet ordre.

EGRON.

D'Or, à trois Faces ondées de Sable, à la bordure de Gueules.

  1. GUY POT, qui fuit.

  2. MASEHE-JEANNE POT, Dame de la Reface,
« femme, long-temps avant le teftament de fa mere, de
» Guichard DE CHÉZENAYS, Seigneur de la Rauffiere. »

CHÉZENAYS.

Ecartelé d'Or, d'Argent, de Pourpre & de Synople, fur le tout une Fleur de Lys de l'un dans l'autre.

V I I I.

Noble homme GUYOT *ou* GUY POT, Seigneur de Puyagu-
Pot, fils de Noble Raoulx Pot & de Catherine Egron, Seigneur
& Dame de Piégu-Pot & de la Reface : il paroît qu'il eut plufieurs
procès à foutenir, qui l'obligerent à vendre quelques rentes fei-
gneuriales dépendantes de fa Seigneurie de Piégu, ce qui lui en
caufa un autre encore avec la Dame de Puylaurens, pour la confervation de fa Juftice & droit d'aftraignabilité à fes moulins bannaux
de Piégu, qu'il s'étoit réfervé par la vente des rentes des Villages
entre eux en litige, auxquels droits il fut maintenu par Sentence
de la Jurifdiction de Broffe, rendue en fa faveur fur les claufes de
cette vente, aux y dénommés.

Il n'exifte plus, aux titres qu'on a de lui, de preuves littérales
de fes fervices Militaires ; mais il refte à fes defcendans celle in-
conteftable du temps où il vivoit, où aucuns Nobles n'étoient
conftamment difpenfés du fervice qu'ils devoient à l'Etat, puifque

dans le cas même de longue infirmité ils étoient tenus de fournir un homme à leur place ; & d'ailleurs la Noblesse Françoise a toujours été trop jalouse de servir son Roi & la Patrie, pénétrée de cette ardeur belliqueuse de la Chevalerie, & qui ne pourroit se ralentir dans nos cœurs qu'à notre honte ; il est donc certain que ce Guy Pot, né d'un sang généreux qui a été versé en tant d'occasions militaires, qui ont en différens temps procuré à cette Maison tant de grandes & honorables Charges, a suivi l'exemple de ses ayeux & sera toujours celui de leur postérité.

1°. « Copie non signée, mais de l'écriture du temps, du » contrat de mariage de Noble homme Guy Pot, Ecuyer, » Seigneur de Puyagu, Paroisse Saint Sulpice, Diocèse de Li-» moges, d'une part ; & de Noble Damoiselle Claude de Cezard, » fille de Noble Damoiselle Marguerite de Mazays, Dame de » Bozon, relicte de Noble homme Michel Dunet de Cezard, » ses pere & mere, aux clauses y mentionnées, de l'avis de » Nobles hommes Antoine de Château-Bodeau, Seigneur de » Chand ; Guy Pot, Seigneur du Nougers ; Guichard de Cheze-» nays, Seigneur de la Raussiere ; & de Jean Vergnaud, du 25 » Janvier 1505.

2°. » Transaction sur procès entre Noble homme & Puissant » Guy Pot, Ecuyer, Seigneur de Puyagu ; André & Pierre » Nyots, du Village de Rebrat, défendeurs & défaillans, d'une » Vinade par eux due annuellement audit Seigneur, pour à la-» quelle les contraindre, après les en avoir souvent requis, » leur avoit fait exécuter quatre bœufs dont ils se plaignoient » qu'ils s'étoient despens pendant les contestations, & leur avoit » été adjugé pour ce cinquante livres de dédommagement, » par Sentence des Assises de Montmorillon, dont ledit » Seigneur étoit appellant au Parlement ; sur quoi les Parties, » pour obvier aux frais qui pouvoient s'ensuivre, transigent » entre elles & conviennent que la Vinade sera d'ors en avant » servie par les Nyotz, hoirs & successeurs, audit Seigneur de » Piégu & les siens, & qu'il payera aux défendeurs 45 livres » pour les dommages à eux adjugés. Original du 29 Novembre » 1519. Signé Puyferrat.

3°. » Ascensement de 20 septiers de terre par Nobles per-
» sonnes

» fonnes Guy Pot, Ecuyer, Seigneur de Piégu, & Noble Da-
» moifelle Claude de Cezard fa femme, aux y dénommés,
» moyennant une rente fonciere annuelle & perpétuelle de trois
» feptiers quatre boiffeaux de bled feigle, mefure Terre-aux-
» Feuilles, payable par chacun an à chaque Fête Notre-Dame
» de la mi-Août, & une geline auffi à chaque Fête de la Nativité
» de Notre Seigneur. Original en parchemin, du 30 Août 1521.
» Signé Vaud & Antoine.

4°. » Sous les fcels de la Souterraine & de Magnac : Tran-
» faction fur procès mu y a cinquante ans ou environ, pendant
» & indécis en la noble Cour de Parlement, entre Noble homme
» feu Raoux Pot, Ecuyer, Seigneur de Puyagu, demandeur de
» devoirs & droits feigneuriaux; & Marfault de Ratenon, dé-
» fendeur; entre Noble homme Guy Pot, Ecuyer, Seigneur
» de Piégu, fils & héritier dudit feu Raoux Pot, & ceux dudit
» Jean Marfault, qui, voyant qu'Arrêt étoit intervenu pour les
» mêmes caufes par eux conteftées au profit de François Pot,
» Chevalier, Seigneur de Chaffingrimont, contre ceux du Vil-
» lage de la Ville-Aubruns, s'avouent, eux, leurs hoirs &
» fucceffeurs, Cerfs, Jufticiables, Guétables, & tenus à toutes
» les demandes à eux faites & à leur pere, par ledit feu Raoux
» Pot & Seigneur de Puyagu fon fils. Original en parchemin,
» du 28 Août 1528. Signé Guillot & Loys de Feuz.

5°. » Sentence prononcée en l'Affife de la Jurifdiction de
» Puyagu, au profit du Seigneur dudit lieu, contre les tenan-
» ciers de la tenue des Simons, y dénommés, défaillans, des
» rentes à lui dues tant en grains qu'en argent & vinades; les
» condamne aux arrérages d'icelle. Original en parchemin, du
» 17 Février 1533. Signé Guillot, Juge de Puyagu, & de
» Francois, Greffier.

6°. » Sous le fcel de Magnac, Tranfaction entre Noble &
» Puiffant Guy Pot, Ecuyer, Seigneur de Puyagu; André Valet
» & autres y dénommés, tous Habitans du Village de Rebrat,
» fur une Sentence du mois d'Avril précédent, qui les con-
» damne envers ledit Seigneur & fes fucceffeurs à la fervitude
» d'un Biant par femaine, & autres actions qu'avoit ledit Sei-
» gneur à pourfuivre contre ledit Valet, qu'il accufoit d'avoir

» pêché en son étang ou autres ses appartenances : le tout y
» est réglé aux clauses y mentionnées. Original en parchémin,
» du 15 Mai 1541. Signé Bureau & Rougier.

    7°. » Sentence rendue à la Jurisdiction de Brosse, au profit
» de Messire Guy Pot, Ecuyer, Seigneur de Puyagu, qui
» condame Demoiselle Gilleberte Savary, tant en son nom que
» comme tutrice de ses enfans, & de René de l'Aige, Seigneur
» de Puylaurens, son feu mari, qui avoit prétendu qu'au moyen
» d'échanges jadis faits entre ledit Seigneur de Puylaurens &
» François Pot, Chevalier, Seigneur de Chassingrimont, concer-
» nant, entre autres choses y mentionnées, les rentes du Village
» de Montet, que ledit Seigneur de Chassingrimont avoit ci-
» devant retirées par droit lignager sur les y dénommés, aux-
» quels ledit Seigneur Guy Pot les avoit vendues, & prétendoit,
» d'après ledit échange, pouvoir contraindre les tenanciers dudit
» Village de Montet à aller moudre leurs grains à ses Moulins
» de sa Seigneurie de Puylaurens, ce qui auroit privé ceux de
» sa Seigneurie de Piégu de son droit acquis de toute ancienneté,
» & que ledit Seigneur de Piégu s'étoit réservé par ladite vente.
» Original en parchemin, du 13 Août 1544. Signé Barbaud
» & Taillard. »

CÉZARD.
D'Or, à la bordure losangée de Sable.

    FEMME, Damoiselle Claude DE CEZARD, par contrat du 25
Janvier 1505, fille de feu Noble homme Michel Dunet de Cezard,
Chevalier, Seigneur de Bozon, & de Noble Damoiselle Marguerite
de Mazays sa veuve, Dame dudit lieu, & d'eux issurent

    1. JEAN POT, qui suit.

    2. CATHERINE POT. } On ne voit nulle part si elles
    3. ANNE POT.   ont été mariées.

I X.

JEAN POT, premier du nom, Seigneur de Piagu-Pot, seul
fils du mariage de Noble & Puissant Guy Pot & de Claude de
Cezard sa veuve, Seigneur & Dame dudit Puyagu ; il se maria,
par contrat ci-dessous, le 18 Mars 1558, mourut avant le 6 Février
1561, que Claude de Cezard, Dame de Piégu, sa mere, agit en
qualité de tutrice de ses enfans mineurs.

1°. « Tranfaction portant échange de plufieurs cens ; rentes,
» refpectivement prétendus de part & d'autre fur différens héri-
» tages dépendans des Seigneuries de Puyagu & de Puylaurens,
» entre Damoifelle Claude de Cezard, veuve de Guy Pot,
» vivant Ecuyer, Seigneur dudit Puyagu; Jean Pot, Ecuyer,
» Seigneur dudit lieu ; Demoifelle Catherine Pot, enfans majeurs
» des fufdits Seigneur & Dame de Puyagu, fe faifant fort pour
» Demoifelle Anne Pot leur fille & fœur mineure ; & Demoi-
» felle Gilleberte Savary, veuve de René de l'Aige, Ecuyer,
» Seigneur dudit Puylaurens, tant en fon nom que comme tutrice
» d'Honoré de l'Aige, Ecuyer, Seigneur dudit Puylaurens,
» leur fils. Original en parchemin, du 11 Juin 1550. Signé
» Barbau & de la Fourefl.

2°. » Sous le fcel de Broffe ; Damoifelle Claude de Cezard,
» veuve de Meffire Guyot Pot, Ecuyer, Seigneur de Piégu,
» donne à Meffire Jean Pot, Ecuyer, Seigneur dudit lieu,
» fon fils, fous la réferve à elle fa vie durant, tous fes biens
» meubles, acquets & conquets, foit à caufe de fon douaire
» ou autrement, en quelque maniere que ce foit & qu'ils foient
» affis, en faveur de mariage. Original en parchemin, du 15
» Mars 1551. Signé de la Fourefl & P. Bonnet.

3°. » Sous le fcel de Broffe ; ferme & afcenfement du Moulin
» bannal de Puyagu, & des hommes fujets audit Moulin, con-
» fentis au profit de Louis de Lafond, par Damoifelle Claude
» de Cezard, veuve de Guy Pot, Ecuyer, Seigneur dudit
» Puyagu, & Jehan Pot, Ecuyer, Seigneur dudit lieu, leur
» fils, demeurant enfemble au Château de Puyagu, Paroiffe
» Saint Sulpice, Terre-aux-Feuilles. Original en parchemin,
» du 6 Août 1551. Signé de la Forefl & Bonnet.

4°. » Sous le fcel d'Iffoudun ; Contrat de mariage de Jean
» Pot, Ecuyer, Seigneur de Puyagu, qu'il promet faire rati-
» fier à Dame Claude de Cezard fa mere, avec Damoifelle
» Ifabeau de Rance, fille de Meffire Pierre de Rance, Chevalier,
» Seigneur de Piffeloup, la Bertaudiere & de Muney, & de
» feue Dame Jacquette de Chamborant fa femme, aux claufes
» y mentionnées : le futur époux y fut affifté de Mathurin Pot,
» Ecuyer, Seigneur de Lavault-Pot, fon oncle ; de Jean de la

» Marche, Ecuyer, Seigneur de Buxciere, Vaillac & Mont-
» le-Vault, fon coufin : la future époufe fous l'autorité dudit
» Seigneur fon pere, & de l'agrément de Guy & Pierre de
» Rance fes freres ; Damoifelle Ifabeau de Ronfart fa belle-
» fœur, femme de Guy de Rance. Original en parchemin.
» Signé Philippe Rom. Infinué au Greffe d'Iffoudun le 19 Mars
» 1558. Signé Naubland.

    5°. » Bail à ferme d'héritages dépendans de la Seigneurie de
» Puyagu, confenti au profit de Louis de Lafond par Damoi-
» felle Claude de Cezard, aïeule & tutrice de Jean & Pierre
» Pot, enfans d'autre feu Jean Pot, Ecuyer, Seigneur de Puyagu,
» & de Demoifelle Ifabeau de Rance, tous demeurant au Chaftel
» de Puyagu ; original y paffé, le 6 Février 1561. Signé P.
» Bonnet.

    6°. » Sous le fcel d'Iffoudun ; Contrat de mariage de François
» de Montjouant, Ecuyer, Seigneur des Thibauds, demeurant
» audit lieu, Paroiffe de Caude, d'une part ; & de Damoifelle
» Ifabeau de Rance, veuve de feu Jean Pot, Ecuyer, Seigneur
» de Puyagu, elle y demeurant, Paroiffe Saint Sulpice - les-
» Feuilles, Diocèfe de Limoges, Maître de leurs droits ; firent
» entre eux les conventions y mentionnées, de l'avis de leurs
» parens & amis, qui, de la part du futur époux, étoient Pierre
» de Montjouant, Ecuyer, Seigneur de Mezieres, fon frere ;
» Charles de Gaucourt, Ecuyer, Seigneur de Serez ; Pierre
» d'Oradou, Ecuyer, Seigneur dudit lieu : & de la part de la
» future, Demoifelle Ifabeau de Ronfart, Dame de Piffeloup ;
» Anne & Gilleberte de Rance, fes fœurs. Fait & paffé à la
» maifon noble de Piffeloup, le 7 Octoble 1570. Original en
» parchemin. Signé Chaflon. »

RANCE.

*D'Azur, au Che-
vron d'Argent, à un
Croiffant de même
en pointe.*

FEMME, Damoifelle Ifabeau DE RANCE, fille de Meffire Pierre de Rance, Chevalier, Seigneur de Piffeloup, la Bertau-diere & de Muney, & de feue Dame Jacquette de Chamborant, fon époufe ; ladite de Chamborant étoit fille de Haut & Puiffant Seigneur Meffire Guy de Chamborant, & de Dame Françoife de Salagnac, Chevalier, Seigneur & Dame de Droux, la Claviere & de l'Age-Meliot. Ce que l'on voit à l'Armorial général de M.
d'Ozier,

d'Ozier, Regiſtre 3, premiere partie, à la Généalogie de la Maiſon de Chamborant, page 51.

   1. JEAN POT, qui ſuit.

   2. PIERRE POT, dont on n'a plus aucune connoiſſance.

X.

JEAN POT, ſecond du nom, Seigneur de Piégu-Pot, & par ſa femme, de la Vincendiere, fils aîné de Jean Pot, premier du nom, & de Damoiſelle Iſabeau de Rance, Seigneur & Dame de Puyagu, n'avoit pas encore trois ans lorſqu'il perdit ſon pere, & fut ſous la tutelle de Dame Claude de Cezard, veuve de Noble & Puiſſant Guy Pot, Seigneur de Piégu, ſon aïeule. Il fut fait Capitaine de deux cens hommes de Guerre par Henri III; mais les malheurs du temps l'engagerent par la ſuite dans le parti de la Ligue, où il paroît qu'il fut attaché juſqu'à l'accommodement du Duc de Mayenne avec Henri IV, puiſque ce Roi fut obligé d'interpoſer ſon autorité Royale pour faire ceſſer les pourſuites criminelles que les ſieurs Couſſault & Chenes, de la Ville de Dorat, avoient intentées contre lui, à cauſe de pluſieurs excès qu'il avoit, avec ſes Troupes, exercés envers eux & autres Habitans de ladite Ville de Dorat.

   1°. « Sous le ſcel de la Vicomté de Broſſe ; Damoiſelle
» Claude de Cezard, tant en ſon nom qu'en celui de tutrice
» de Jean & Pierre Pot, enfans d'autre Jean Pot ſon fils & de
» Damoiſelle Iſabeau de Rance, veuve du ſuſdit défunt Sei-
» gneur de Puyagu, donne, pardevant Notaire, la Vicairie de
» de la Chapelle de Sainte - Croix de Puyagu à Meſſire Jean
» Migier, Prêtre, à la charge d'y dire trois Meſſes par chaque
» ſemaine, & autres prieres, pour elle, Jean & Pierre Pot, &
» leurs parens, aux droits & revenus y attachés. Original en
» papier, du 14 Janvier 1564. Signé Pot; Iſabeau de Rance;
» & P. Sonnes, Notaire.

   2°. » En la Juriſdiction de Puyagu, Aſſemblée de parens, par
» autorité d'icelle, aux fins de pourvoir à la tutelle de Jean Pot,
» âgé de neuf ans, Pierre Pot, âgé de ſept ans, ſeuls enfans &
» héritiers de Jehan Pot, Ecuyer, Seigneur de Puyagu, & de

L

» Damoiselle Isabeau de Rance , à la requisition de ladite Dame
» leur mere , étant sur le point de se remarier à François de
» Montjouant, Ecuyer, Seigneur des Thibault en Berry, où ,
» du côté paternel , furent Mathurin Pot , Ecuyer , Seigneur
» de Lavault ; Guillaume de Montbel, Ecuyer, Seigneur de la
» Tasche ; Mathurin Vergnaud , Ecuyer, Seigneur de la Fayolles :
» & du côté maternel , Pierre de Montjouan , Ecuyer , Seigneur
» de Mezieres ; Charles de Gaulcourt , Ecuyer , Seigneur de
» Serez ; Christophe de Saint - Julien , Ecuyer , Seigneur de
» Luzeret ; lesquels décernerent ladite tutelle à ladite Demoi-
» selle Isabeau de Rance leur mere , & à François de Mont-
» jouan son futur mari , à la charge par eux d'élire domicile au
» Château de Puyagu. Cet acte Judiciaire , du 8 Mars 1570,
» dont ce n'est ici que la collation, accordée audit Jean Pot le
» 2 Mars 1599. Signé Gauchier & Maillasson.

3°. » Hommage de la Terre, Fief & Seigneurie de Puyagu,
» rendu par Jehan Pot , Ecuyer, Seigneur dudit lieu, à Louis
» de Bourbon, Duc de Montpensier, Pair de France , à cause
» de sa Vicomté de Brosse , tel & selon que ses prédécesseurs
» Sieurs de ladite Seigneurie ont accoutumé rendre audit Vicomte
» de Brosse. Original en parchemin, scellé en cire rouge du sceau
» de Bourbon, audit Château de Brosse, le 15 Décembre 1571.
» Signé Louis de Bourbon. Et plus bas, Par Monseigneur le
» Duc & Pair de Brosse. Coutureau.

4°. » En la Jurisdiction de Mondon, Assemblée de parens
» par autorité d'icelle, pour, par leur avis, pourvoir à la tutelle
» de Mathurin Pot , Ecuyer, Seigneur de Martineys & de la
» Maison-Rouge, vu ses infirmités ; Messire Guillaume Pot, Che-
» valier des deux Ordres du Roi, son premier Ecuyer Tranchant
» & Porte-Cornette, Seigneur de Rhodes, Mondon, la Salle-
» de-Jeansays, les Chezeaux, la Serre, le Magnet, Murson-
» Boynes, Gueudreville , Mazergues, Saint - Amans , &c. ;
» Messire François d'Aubusson, Chevalier de l'Ordre du Roi,
» Seigneur de Vouhet, la Feuillade & du Souliers ; Messire
» François Faulcon, Chevalier de l'Ordre du Roi, Seigneur
» & Baron de Saint-Pardoux ; Messire Christophe de Carbon-
» niere , Chevalier de l'Ordre du Roi, Gouverneur de Rocroy,

» Seigneur de la Vigne, Chambery & de Saint-Brice ; Jacques
» Etourneau, Ecuyer, Seigneur de la Motte-de-Terfanne ; René
» de Breffolles, Ecuyer, Seigneur des Baftieres ; Guillaume
» de Monbel, Ecuyer, Seigneur de Champeron ; Jacques de
» Verines, Ecuyer, Seigneur de la Roche-de-Mouhet ; Mar-
» daulx, Ecuyer, Seigneur de Coiliere ; Guy de l'Aige, Ecuyer,
» Seigneur de la Pallifot, Damoifelle Gabrielle Faulcon fa
» femme, & en premieres nôces de Jacques Pot, & mere de
» Chriftophe Pot, Ecuyer, Seigneur de Lavault, & autres fes
» fœurs ; & de Jehan Pot, Ecuyer, Seigneur de Puyagu ; lef-
» quels s'étant tous déclarés majeurs de quarante ans, fauf ledit
» Jean Pot, Seigneur de Puyagu, élurent d'entre eux, pour
» adminiftrer les perfonne & biens dudit Mathurin Pot leur
» parent, jufqu'à fa convalefcence ou mort, pour fes Tuteurs
» & Adminiftrateurs les perfonnes de Meffire François Faulcon
» & de Guy de l'Aige, comme fes plus proches parens & y doines
» à ce, qui accepterent ladite charge par l'amitié qu'ils lui por-
» toient, aux conditions mentionnées, le 3 Mai 1584. Signé en
» l'original des fufdits parens & de Guillot, Sénéchal de la fufdite
» Jurifdiction ; de Petit, Procureur, & de J. de Lafond, Greffier
» d'icelle. Le préfent acte eft une fignification faite aux Créan-
» ciers dudit Mathurin Pot, d'icelui, du 19 Juin 1584. Ainfi
» figné, de Berfac, Renault, & Chapouteau, Sergent Royal
» & général.

5°. » Commiffion donnée par Henri, Roi de France & de
» Pologne, à fon cher & bien amé Jean Pot, Ecuyer, Sei-
» gneur de Piégu-Pot, connoiffant fa fidélité & affection à fon
» fervice, de lever & conduire à la guerre 200 hommes de pied.
» Original en parchemin, le fceau y attaché, le 28 Mai 1585,
» le onzieme de fon regne.

6°. » Aveu & dénombrement du Fief de la Bure, que fournit
» Adam Bourdes, Ecuyer, Seigneur dudit lieu & du Poiron,
» à Noble Jehan Pot, Ecuyer, Seigneur de Puyagu, à caufe
» de fon Chaftel & Seigneurie dudit Puyagu. Original en par-
» chemin, du 25 Juin 1587. Signé A. Bourdes, Guiblau &
» Perrin.

7°. » Aveu & dénombrement rendus à Noble Jean Pot,

» Ecuyer, Seigneur de Puyagu, par Meſſire Chriſtophe de
» Gineſt, Chevalier, Seigneur dudit lieu, de Bois-Gillet, de la
» Lande & Puyroger, dudit Fief de Puyroger, Paroiſſe d'Arnac,
» qu'il tient de lui à foi & hommage lige, à cauſe de ſon Châ-
» teau & Seigneurie de Piégu ; paſſé au Château noble du Gineſt,
» Paroiſſe d'Aſerable, le 8 Février 1599. Signé du Gineſt,
» Tardin, Thomaſſon, & Pertat, Notaire.

8°. » En la Cour de la Baronnie de Palluau, Teſtament de
» Damoiſelle Jeanne de la Chaſtre, femme de Jean Pot, Ecuyer,
» Seigneur de Piégu, Dame de la Vincendiere, demeurant audit
» Palluau, Paroiſſe d'Unzay ; après avoir donné ſon ame à
» Dieu &c. ordonne qu'après ſa mort ſon corps ſoit enterré au
» Cimetiere de la Croix-des-Pauvres, y conduit proceſſionnelle-
» ment par le Curé de cette Paroiſſe & MM. les Chanoines
» du Chapitre de Palluau, & y ordonne des prieres & aumônes
» qu'elle veut être faites pour elle ledit jour, quarantaine &
» bout-de-l'an ; donne à Benoiſte, l'une de ſes Servantes, pour
» les agréables ſervices qu'elle en a reçu & pourra recevoir en
» ſes maladies, 60 livres, indépendamment de ſes gages &c. ;
» & du ſurplus s'en rapporte à la volonté de Mathurin Pot ſon
» fils & dudit Sieur de Piégu ſon mari. Fait & paſſé en ſon
» logis audit Palluau, le 14 Octobre 1607. Signé en ſa minute
» Jeanne de la Chaſtre ; M. Pot ; Bonnet & Baudin, Notaires ;
» par copie délivrée à Raoul Pot, Ecuyer, Sieur de Piégu &
» autres lieux, par le Greffier du Comté de Palluau, ayant la mi-
» nute, le 15 Février 1669. Ainſi ſigné, Parrier, avec paraphe. »

LA CHASTRE.

De Gueules, à la Croix ancrée de Verre.

FEMME, Damoiſelle Jeanne DE LA CHASTRE, Dame de la
Vincendiere, fille de Jean de la Chaſtre, Seigneur de Paray &
de la Voute, Commiſſaire d'Artillerie, Echanſon & Pannetier du
Roi, & de Marie Carreau ſa femme ; ladite Jeanne avoit partagé,
ainſi que ſes freres & ſœurs, avec autre Jean de la Chaſtre leur
frere aîné, les biens de leurs pere & mere, le 24 Mars 1571,
dont vraiſemblablement elle eut pour ſa part la Terre de la Vincendiere, qu'elle apporta à ſon mari. Hiſtoire des grands Officiers
de la Couronne, tome VII, page 365, Généalogie de la Chaſtre.
Il n'y eut de ce mariage que

1. MATHURIN POT, qui ſuit.

X I.

MATHURIN POT, Seigneur de Piégu-Pot & de la Vincen-diere, fils unique de Jean Pot & de Jeanne de la Chaftre, Seigneur & Dame defdits lieux, fut convoqué au Ban de la Province de Poitou en l'année 1635 ; mais, à caufe de fes infirmités, fon fils y marcha pour lui, ainfi qu'en fait foi le certificat rapporté à l'article de fondit fils Raoul Pot qui va fuivre.

1°. « Sous les fcels de Montmorillon & de Corps : Contrat
» de mariage de Mathurin Pot, Ecuyer, Seigneur de la Vincen-
» diere, fils de Noble Jean Pot, Ecuyer, Seigneur de Piégu-
» Pot, & de feue Demoifelle Jeanne de la Chaftre, demeurant
» au Château de Piégu, Paroiffe de Saint Sulpice-les-Feuilles,
» en Poitou, y autorifé de fondit pere, préfent, & de l'agré-
» ment de Haute & Puiffante Dame Louife Pot, Dame de la
» Feuillade & de Vouhet ; de Noble François Char-de-Beuf,
» Ecuyer, Seigneur de la Varreille, d'une part ; & de Damoi-
» felle Anne de Bridiers, fille de Meffire Pierre de Bridiers,
» Chevalier, Seigneur de Gartampes, Serez, l'Eftang & la
» Cheze, & de feue Dame Gabrielle de Naillac, préfent &
» autorifant ladite future fa fille ; & de l'avis de ladite Dame
» Louife Pot de la Feuillade ; de François & André de Bridiers,
» Ecuyers, fes freres ; de Gabrielle des Marqueft, Ecuyer,
» Seigneur de la Boffe, Vic & des Places, fon beau-frere ;
» de Meffire Gabriel du Bouex, Chevalier, Seigneur de Riche-
» mont, Villemort, &c., & de Pierre du Sauzet, Ecuyer,
» Seigneur de la Croux, fes coufins. Original en parchemin,
» du 13 Février 1610. Signé Dugat.

2°. » En la Sénéchauffée de Montmorillon : Enregiftrement
» de la donation faite à Mathurin Pot, Ecuyer, Seigneur de la
» Vincendiere, par Meffire Jehan Pot, Ecuyer, Seigneur de
» Piégu-Pot, fon pere, & dudit Mathurin Pot à Damoifelle
» Anne de Bridiers fa femme, par leur contrat du 13 Février
» précédent, requis par Maiftre Joachin Donadié, leur Pro-
» cureur. Original en parchemin, du 19 Avril 1610. Signé
» Thomas & Thuilhé, Commis-Greffier.

M

[46]

3°. » Sous le fcel de Broffe : Acquifition par Meffire Ma-
» thurin Pot , Ecuyer, Seigneur de Piégu, Paroiffe Saint Sulpice-
» les-Feuilles , de 10 boiffelées de terre appellées de la piéce
» de l'Ormeau , joignant aux héritages de fadite Seigneurie &
» de fa pleine & directe fondalité. Original du 15 Février 1625.
» Signé de Maillaffon & Chaflon.

4°. » Aveu & dénombrement rendus à Noble Mathurin Pot,
» Ecuyer, Seigneur de Piégu, par Dame Jacquette des Moutiers,
» veuve de feu Meffire Chriftophe du Gineft, Chevalier, Sei-
» gneur dudit lieu, la Lande & Puy-Roger, Ecuyer ordinaire
» de la grande Ecurie du Roi, tant en fon nom que de tutrice
» de leurs enfans mineurs, du Fief de Puy-Roger, Paroiffe
» d'Arnac, relevant à foi & hommage lige de fon Château
» noble & Seigneurie de Piégu. Original en parchemin , du 20
» Mai 1626. Signé de Gobertieres & Chaput.

5°. » Pardevant le Notaire Royal fouffigné, en Touraine :
» Contrat de mariage de Silvain de la Chaftre , Ecuyer, Seigneur
» de Neupors , fils aîné de Charles de la Chaftre, Ecuyer,
» Seigneur de Paray, & de Damoifelle Marie Carré , fous leurs
» autorités & avis ; de Pierre de Chamborant, Ecuyer, Seigneur
» de la Claviere ; de Damoifelle Dianne de Gentils fon époufe,
» coufine de ladite future ; Pierre le Gras, Seigneur de Verneuil ;
» Damoifelle Marie de la Chaftre, fes beaux-freres & fœurs,
» d'une part ; & Damoifelle Gabrielle Pot, fille de Mathurin
» Pot, Ecuyer, Seigneur de Piégu, & de défunte Damoifelle
» Anne de Bridiers , jadis fon époufe ; lequel Seigneur Pot
» autorife de fon confentement & préfence ladite future époufe
» fa fille , ainfi que de l'agrément de Raoul Pot, Ecuyer, Sei-
» gneur de la Tour , fon frere , & de celui de Louis Chauveron,
» Chevalier , Seigneur de la Motte-Chauveron ; Dame Louife
» d'Aubuffon fon époufe, fes coufins. Original du 9 Octobre
» 1629. Signé Pafquier.

6°. » Sentence d'appointement à produire pardevant le Séné-
» chal de Montmorillon, entre Mathurin Pot, Ecuyer, Seigneur
» de Piégu , demandeur en exhibition de contrats d'acquifition
» faits par Pierre du Rouffault, défendeur & défaillant, &c.
» Original en parchemin , du 22 Mars 1647. Signé l'Huillier,
» Commis-Greffier. »

Femme, Noble Damoiselle Anne DE BRIDIERS, par contrat BRIDIERS.
du 13 Février 1610 , fille de Pierre de Bridiers, Chevalier de *D'Or, à la Bande de Gueules.*
l'Ordre du Roi , Seigneur de Gartampes, Serez, l'Estang & la
Cheze, & de feue Dame Gabrielle de Naillac son épouse , laquelle
étoit fille de Jean de Naillac & de Magdelaine Pot , prouvé par
« transaction faisant partage des biens & successions de Haut &
» Puissant Seigneur Jean de Naillac , Chevalier de l'Ordre du Roi,
» Conseiller en son Conseil Privé , premier Ecuyer de son Ecurie ,
» Grand-Maître des Eaux & Forêts de Bretagne , Chevalier , Sei-
» gneur de Roche & de Lepinay-Greffiers , Baron de Chollet &
» de la Jumeliere , & de Haute & Puissante Dame Magdelaine
» Pot sa femme ; entre Haute & Puissante Dame Philippe de Naillac
» leur fille aînée , se disant leur principale héritiere , femme de Haut
» & Puissant Seigneur Messire Claude de Barjot , Chevalier , Con-
» seiller du Roi en son Privé Conseil d'Etat , Premier Président
» en son Grand-Conseil , Seigneur de Mousy , du grand & petit
» Roncé , & des Châtellenies de Pinpeau & de Launay , Baron
» de la Jumeliere , d'une part; & Haute & Puissante Dame Ga-
» brielle de Naillac , fille puînée desdits feus Seigneur & Dame
» de Naillac & de Pot , femme de Haut & Puissant Seigneur Messire
» Pierre de Bridiers , Chevalier de l'Ordre du Roi , Sieur de
» Gartampes , l'Etang , &c. Original en parchemin , passé entre les
» susdites femmes & maris , les autorisant à ce , au lieu & maison
» noble de Roche , le dernier Septembre 1524. Signé Salnert &
» Dugat , Notaires. » Et d'eux issurent

   1. RAOUL POT, qui suit.

   2. GABRIELLE POT, femme, par contrat du 13 No- LA CHASTRE.
vembre 1629 , de Messire Silvain DE LA CHASTRE, *Comme il est déja dit.*
Seigneur de Neuport.

X I I.

RAOUL POT, quatrieme du nom , Seigneur de Piégu-Pot,
la Vincendiere & de la Tour , fils de Mathurin Pot & de Anne
de Bridiers, Seigneur & Dame desdits lieux , marcha au Ban
convoqué pour la Province du haut Poitou, l'an 1635 , au lieu
& place de Mathurin Pot son pere , que ses infirmités empêcherent

d'y fervir en perfonne, & y fervit avec diftinction, ainfi qu'en fait foi le certificat qui fuit.

1°. « Certificat de Ban, portant que Raoul Pot, Ecuyer, » Sieur de Piégu-Pot de la Paroiffe Saint Sulpice Terre-aux- » Feuilles, reffort du Blan & de Montmorillon en Poitou, faifant » pour Mathurin Pot, Ecuyer, Sieur de Piégu, fon pere, de- » meurant enfemble, a bien & fidellement fervi le Roi en fon » Armée de Lorraine, commandée par MM. le Duc d'Angou- » lême & le Maréchal de la Force, & le Corps de la Nobleffe » par Monfeigneur de la Meillerais, Grand-Maître de l'Artillerie » de France, comme appert du certificat qu'il en a donné au » pied du Rôle figné de tous les préfens en ladite Armée; en » foi de quoi Jacques de Beauvau &c. Lieutenant Général ès » Provinces de haut Poitou &c. lui a délivré le préfent. Au » Camp de Bioncourt, en Lorraine, le 13 Novembre 1635. » Signé Beauvau, & fcellé de fes Armes. Signé Baron.

2°. » Sous les fcels de Montmorillon & de Corps: Contrat » de mariage de Raoul Pot, Ecuyer, Seigneur de la Tour, » demeurant à Puyferrat, Paroiffe Saint Sulpice, & de Damoi- » felle Jehanne des Marqueft, fille de Meffire Gabriel des Mar- » queft, Ecuyer, Seigneur de la Broffe, & de Damoifelle » Dianne-Marie de Bridiers, ledit mariage ayant été précédem- » ment accompli en la Sainte Eglife; en contemplation duquel » les Seigneur & Dame de la Broffe donnent à ladite Jeanne » des Marqueft leur fille, de dot 15000 livres. Original du 22 » Juin 1643. Signé Pégullault.

3°. » Sous le fcel de Montmorillon: Tranfaction entre Meffire » Silvain des Marqueft, Chevalier, Seigneur de la Broffe, & » les Dames fes fœurs; Antoinette des Marqueft, femme de » Daniel de la Buxiere, Ecuyer, Seigneur de la Juxtereaux; » Jehanne des Marqueft, femme de Raoul Pot, Ecuyer, Sei- » gneur de Piégu; les fufdites Dames y autorifées de leurfdits » maris, pour voir effectuer les promeffes faites en leur contrat » de mariage fur les fucceffions de feus Meffire Gabriel des » Marqueft & de Dame Dianne-Marie de Bridiers leurs pere » & mere, par ledit Silvain leur fils aîné & principal héritier, » le 18 Août 1648. Original. Signé Pégullaud & Lamoureux.

4°. » Sous

4°. » Sous le fcel du Blanc : Tranfaction entre Haut &
» Puiffant Meffire Raoul Pot, Chevalier, Seigneur de Piégu;
» Dame Jeanne des Marqueft fa femme; & Meffire Silvain de
» la Chaftre, Chevalier, Seigneur de Paray; Dame Gabrielle
» Pot, auffi fa femme, fur les conteftations qui auroient pu naître
» entre eux & les fufdits Seigneur & Dame Raoul & Gabrielle
» Pot, frere & fœur, à caufe des fucceffions de feu Haut &
» Puiffant Meffire Mathurin Pot, Chevalier, Seigneur dudit
» Piégu, & de feue Dame Anne de Bridiers, leurs pere &
» mere. Original en parchemin, du 25 Décembre 1649. Signé
» Pigier & Huguet.

5°. » Sous le fcel de Montmorillon : Tranfaction entre Meffire
» Raoul Pot, Chevalier, Seigneur de Piégu; & Dame Marie
» Philippe, veuve de Meffire Etienne de Chamborant, Cheva-
» lier, Seigneur de la Claviere & Puylaurens, laquelle Dame,
» tant en fon nom que de tutrice des enfans mineurs d'elle &
» dudit Seigneur fon mari, termine les débats entre eux fur-
» venus pour la confervation des droits refpectifs de leurs Terres
» limitrophes de Piégu & Puylaurens. Original en parchemin,
» du 4 Novembre 1664. Signé de Lafond, J. Malart.

6°. » Jugement pour Raoul Pot, Ecuyer, Sieur de Piégu,
» rendu par le Commiffaire du Roi, à la recherche de la Nobleffe
» des Généralités de Bourges & de Moulins, qui, fur la repré-
» fentation de fes titres juftificatifs de la fienne, le déclare Noble
» & iffu de noble race, l'y maintient, & fa poftérité, aux pri-
» vileges y attachés, &c. Original en parchemin, avec le Blafon
» de fes Armes, daté de Bourges le 15ᵉ jour du mois de Juin . . . .
» Ce qui fuit eft déchiré jufqu'au mot *neuf*; mais on y lit les
» feings, qui font *Teubeuf*; & plus bas, *Marechal*. Le mois de
» l'année d'icelui auffi. Et, fain & entier : Aux conclufions du
» Procureur du Roi de la Commiffion, du 14 Juillet 1669.

7°. » Ceffion de droits fucceffifs faits à Meffire Raoul Pot,
» Ecuyer, Seigneur de Piégu, par Meffire Silvain de la Chaftre,
» Chevalier, Seigneur de Paray, Neuport & autres lieux, tant
» en fon nom que de tuteur de fes enfans & de feue Dame
» Gabrielle Pot fa femme, à eux revenans en la fucceffion
» Gartampes, à caufe de Dame Anne de Bridiers, mere defdits

» Meſſire & Dame Raoul & Gabrielle Pot, du 4 Novembre
» 1664. Signé Baudin, Notaire. »

DES MARQUEST.
D'Azur, à la Bande d'Argent, accompagnée de 2 Croiſſans d'Or, montant un en chef, l'autre en pointe.

FEMME, Damoiſelle Jeanne DES MARQUEST, par contrat du 22 Juin 1643, fille de Meſſire Gabriel des Marqueſt & de Damoiſelle Dianne-Marie de Bridiers, Seigneur de la Broſſe, Vic & des Places ; & d'eux ſont iſſus

1. ROLLAND POT, qui ſuit.

2. DANIEL POT, Ecuyer, Seigneur de Puyferrat, mari de Damoiſelle Anne MARTIN, dont il eut un fils mort au ſervice du Roi, ſans avoir été marié.

MARTIN.
D'Argent, à 4 Faces ondées de Synople.

3. CATHERINE POT n'a point été mariée.

XIII.

ROLLAND POT, Seigneur de Piégu-Pot, fils aîné de Raoul Pot, quatrieme du nom, & de Dame Jeanne des Marqueſt, Chevalier, Seigneur & Dame dudit Piégu-Pot, fut marié par contrat du 10 Septembre 1683, ainſi qu'il ſuit.

1°. « Contrat de mariage pardevant les Notaires ſouſſignés, de
» Meſſire Rolland Pot, Chevalier, Seigneur de Piégu, Paroiſſe
» Saint Sulpice-les-Feuilles en Poitou, fils de feu Meſſire Raoul
» Pot, Chevalier, Seigneur dudit lieu, & de Dame Jeanne des
» Marqueſt ſa veuve, à ce préſente & autoriſant ſondit fils,
» demeurant au Château noble de Piégu, Paroiſſe ſuſdite ; ledit
» contrat de l'avis & agrément de Meſſire Daniel Pot, Che-
» valier, ſon frere, & de Damoiſelle Catherine Pot ſa ſœur ;
» de Silvain des Marqueſt, Ecuyer, Seigneur de Peret, ſon
» couſin, d'une part ; & de Damoiſelle Marie de Roſſignac,
» fille de feu Antoine de Roſſignac, Ecuyer, Seigneur de la
» Gaignerie, les Cicardieres & autres places, & de Damoiſelle
» Françoiſe de Blond ſa veuve, préſente & autoriſant ladite future
» ſa fille, demeurant au lieu noble des Cicardieres, Paroiſſe
» Saint Leger en Poitou, & ce de l'agrément de pluſieurs leurs
» parens. Original en parchemin, du 10 Septembre 1683. Signé
» Lalouette & Gauchier.

2°. » Pardevant les Notaires ſouſſignés : Inventaire des meubles
» de feu Meſſire Raoul Pot, Chevalier, Seigneur de Piégu,

>> en préfence de Damoifelle Jeanne des Marqueft fa veuve ;
>> Meffire Rolland Pot, Chevalier, Seigneur dudit Piégu, fon
>> fils aîné, & de Dame Marie de Roffignac fon époufe ; Meffire
>> Daniel Pot, Ecuyer, Seigneur de Puyferrat, fon fils puîné ;
>> Damoifelle Catherine Pot ; tous les fufdits mere & enfans
>> demeurant au Château noble de Piégu, Paroiffe Saint Sulpice-
>> les-Feuilles en Poitou. Original du 9 Décembre 1683. Signé
>> des Parties, & de Maillaffon & Allore, Notaires.

    3°. >> Pardevant les Notaires Royaux à Poitiers : Tranfaction
>> entre Meffire Rolland Pot, Chevalier, Seigneur de Piégu,
>> y demeurant, en fon Château, Paroiffe Saint Sulpice-les-
>> Feuilles, & Claude Gauchier, Sieur du Mazier, demeurant à
>> la Ville-Aubrun, Paroiffe d'Arnac, fur le procès qu'ils avoient
>> pendant & indécis à Montmorillon, pour raifon de rentes
>> nobles, féodales & foncieres, mal à propos conteftées audit
>> Seigneur de Piégu par ledit Gauchier. Original du 11 Juillet
>> 1688. Signé Sauvant & Chauvet, Notaires.

    4°. >> Pardevant les Notaires fouffignés : Bail limité de la grande
>> Métairie de la porte de Piégu, confenti aux dénommés pour
>> la faire valoir & en partager les fruits & reveuus avec Haut
>> & Puiffant Seigneur Meffire Rolland Pot, Chevalier, Seigneur
>> dudit lieu de Puyagu & y demeurant, en fon Château noble,
>> Paroiffe Saint Sulpice - les - Feuilles. Original du 14 Janvier
>> 1690. Signé S. de la Garde.

    5°. >> Acquifition faite, pardevant les Notaires fouffignés, d'hé-
>> ritages fcis au Village de la Garde, Paroiffe Saint Sulpice-les-
>> Feuilles, par Meffire Rolland Pot, Chevalier, Seigneur de
>> Piégu, & dame Jeanne des Marqueft fa mere, veuve de
>> Meffire Raoul Pot, vivant Chevalier, Seigneur dudit Piégu,
>> demeurant audit lieu noble, fufdite Paroiffe. Original du 29
>> Janvier 1690. Signé Haumaffons, Notaire.

FEMME, Dame Marie ROFFIGNAC, par contrat du 10 Septembre ROFFIGNAC.
1683, fille de feu Meffire Antoine de Roffignac & de Damoifelle *D'Or, au Lion de*
Françoife de Blond, Seigneur & Dame de la Gaignerie, des Ci- *Gueules.*
cardieres, &c. & d'eux iffurent

    1. LOUIS POT, qui fuit.

    2. FRANÇOISE POT, Damoifelle de Piégu, morte
fans avoir été mariée.

3. N...... P ot , appellée Mademoiſelle de Saint-Martial,
eſt auſſi morte ſans avoir été mariée.

X I V.

L o u i s P o t , premier du nom dans ſa branche, Chevalier,
Seigneur de Piégu-Pot , fils de Meſſire Rolland Pot & de Dame
Marie de Roſſignac , Seigneur & Dame dudit Piégu-Pot , marié
par contrat du .... au Château de Droux en baſſe Marche.

1°. » Pardevant les Notaires ſouſſignés : Contrat de mariage
» de Meſſire Louis Pot , Chevalier , Seigneur de Piégu ; fils de
» feu Meſſire Rolland Pot , Chevalier , Seigneur dudit Piégu,
» & de Dame Marie de Roſſignac ſa veuve , préſente , & au-
» toriſant ledit Seigneur ſon fils, demeurant au lieu noble de
» Piégu, Paroiſſe Saint Sulpice - les - Feuilles ; ledit Seigneur
» contracte de l'agrément de Damoiſelle Françoiſe Pot, Damoi-
» ſelle de Piégu , ſa ſœur , d'une part ; & de Damoiſelle
» Françoiſe de Chamborant , Damoiſelle de Droux , fille de
» feu Meſſire Pierre de Chamborant , Chevalier , Seigneur de
» Droux, & de Dame Marie-Anne de Legalis, Dame de Droux,
» ſa veuve , préſente & autoriſant ladite Damoiſelle future leur
» fille, demeurant au Château de Droux , dite Paroiſſe , en baſſe
» Marche ·
» ·

2°. » Jugement en maintenue de nobleſſe , rendu par M. l'In-
» tendant de Bourges , en faveur de Meſſire Louis Pot, Cheva-
» lier , Seigneur de Piégu , & Daniel Pot , Ecuyer , Sieur de
» Puyferrat , ayant juſtifié que Meſſire Raoul Pot , Chevalier,
» Seigneur dudit Piégu, leur pere & aïeul , avoit été maintenu
» dans ſa nobleſſe & déclaré Noble & iſſu de noble race en
» 1669, ſur la repréſentation de ſes titres, par Monſieur de
» Teubeuf , Intendant alors de ladite Généralité, ce qu'ayant
» juſtifié , ils y furent de nouveau maintenus, eux & leur poſté-
» rité née & à naître &c. Original en parchemin , au Blaſon de
» leurs Armes, du 30 Mars 1715. Signé Foullé de Martangis :
» & plus bas, Billaut.

3°. » Pardevant les Notaires ſouſcrits : Vente d'une maiſon
appellée

» appellée du Mazier, aux appartenances dudit lieu, Paroisse
» Saint Sulpice-les-Feuilles, consentie au profit des y dénommés,
» par Louis Pot, Chevalier, Seigneur de Piégu, fils & principal
» héritier de feu Rolland Pot, Chevalier, Seigneur dudit lieu,
» en ce que les acquéreurs seront tenus, ainsi que les autres
» tenanciers du Mazier, payer & servir les droits & devoirs
» accoutumés à sadite Seigneurie, du 6 Avril 1718. Expédition
» sur la minute. Signé de Lavaud, Acquéreur & Garde-notes
» de P. Mondellet.

4°. » Pardevant les Notaires soussignés : Accord entre Messire
» Louis Pot, Ecuyer, Seigneur de Piégu, y demeurant, en son
» Château noble dudit lieu, Paroisse Saint Sulpice-les-Feuilles,
» d'une part ; & Jean & autre Jean & Léonard Fradet, pere
» & fils, en résiliement du bail à eux ci-devant consenti de la
» grande Métairie de la Porte dudit Piégu. Grosse du dernier
» Mars 1724. Signé S. Peuchot & Beaufort.

5°. » Pardevant les Notaires du Vicomté de Brosse : Acqui-
» sition faite par Messire Louis Pot, Chevalier, Seigneur de
» Piégu, y demeurant, en son Château dudit lieu, Paroisse Saint
» Sulpice-les-Feuilles, d'héritages scis au Village du Noyer, sus-
» dite Paroisse, en sa fondalité & Justice, du 18 Juin 1724.
» Signé Trebilhon. »

FEMME, Dame Françoise DE CHAMBORANT, par contrat CHAMBORANT.
comme ci-dessus, fille aînée de Messire Pierre de Chamborant & *D'Or, au Lion de Sable, armé & lampassé de Gueules.*
de Dame Marie-Anne de Legalis, Seigneur & Dame de Droux,
& d'eux sont issus

1. LOUIS-JACQUES POT, qui suit.

2. FRANÇOIS-PLACIDE POT, appellé le Chevalier
de Pot, a long-temps servi au Régiment de Poitou, pendant
lequel temps il a eu plusieurs blessures à la guerre qui lui
ont mérité, en 1758, une pension de 400 livres ; s'est retiré
Capitaine, Chevalier de Saint Louis en 1771, avec pension,
dont fait foi le Brevet qu'il en a eu du Roi.

3. JACQUES POT, appellé le Chevalier de Piégu, a GRAILLY.
aussi long-temps servi au même Régiment de Poitou, d'où il s'est *D'Argent, à la Croix de Sable, chargée de 5 Coquilles d'Argent.*
retiré Chevalier de Saint Louis avec pension du Roi ; s'est
marié depuis à N..... DE GRAILLY, dont il n'a point d'enfans.

4. Autre JACQUES POT, appellé le Chevalier de Rhodes, étant Lieutenant au même Régiment que ses freres, fut blessé d'un coup de feu à la main droite à l'attaque de Vintimille, dont il est estropié pour sa vie, & a été forcé de se retirer chez lui par cet accident, avec pension du Roi.

5. 6. 7. Trois filles mortes sans avoir été mariées.

X V.

LOUIS-JACQUES POT, second du nom, Seigneur de Piégu-Pot, fils aîné & principal héritier de Louis Pot, premier du nom, & de Dame Françoise de Chamborant, Seigneur & Dame dudit Piégu; les affaires de sa Maison l'empêcherent de suivre le service ainsi que ses freres; il ne fut que trois ans Lieutenant au Bataillon de Limoges.

1°. « Partage, sous seing privé, des biens de feu Messire
» Louis Pot & de Dame Françoise de Chamborant, Chevalier,
» Seigneur & Dame de Piégu; entre Messire Louis Pot, Che-
» valier, Seigneur dudit Piégu, fils aîné; François-Placide Pot,
» Lieutenant au Régiment de Poitou; Jacques Pot, *idem*; autre
» Jacques Pot, étudiant au College de Magnac; Damoiselle
» Silvie de Pot, freres & sœur, & enfans des feus Seigneur &
» Dame de Piégu, demeurant tous au Château dudit lieu; Daniel
» Pot, Ecuyer, Seigneur de la Gaignerie, Curateur desdits
» Jacques & Damoiselle Silvie de Pot, qui y procédent sous
» son autorité; par lequel est demeuré audit Louis, en sa qualité
» d'aîné, les Château, Terre & Seigneurie de Piégu en toute
» Jurisdiction, & à sesdits cadets le lieu noble de la Garde &
» les rentes du Village de la Chirade, le tout tenu en parage de
» leur aîné, comme Chimier de la Maison. Fait & passé double
» entre eux au Château de Piégu, le 15 Mars 1742. L'écriture
» dudit partage par eux tous approuvée; ainsi signé de leurs
» seings, Louis Pot. Daniel Pot, Curateur. Jacques Pot, Lieu-
» tenant de Poitou. Jacques Pot, Etudiant: & Silvine Pot.

2°. » Pardevant les Notaires soussignés: Contrat de mariage
» de Messire Louis Pot, Ecuyer, Seigneur de Piégu, fils de
» feu Messire Louis Pot, Ecuyer, Seigneur dudit Piégu, & de

» feue Dame Françoife de Chamborant, fon époufe, demeurant
» au lieu noble de Piégu, Paroiffe Saint Sulpice-les-Feuilles,
» d'une part; avec Damoifelle Marie-Thérèfe de Reveau de
» Saint-Varant, fille de feu Meffire Philippe-René de Reveau
» de Saint-Varant, & de Dame Louife de Maftribut fa veuve,
» préfente & autorifant ladite Damoifelle future fa fille, qui
» contracte auffi, ainfi que ledit Seigneur futur époux, de l'avis
» & agrément de leurs autres parens, qui, avec les Parties,
» ont figné. Original du 21 Février 1743. Signé Pot de Piégu;
» Marie-Thérèfe Reveau de Saint-Varant; Louife de Maftribut;
» Marie-Marguerite Reveau de Fremodiere; Etienne-François
» Boynet de la Fremodiere; François-Philippe Reveau de Saint-
» Varant; Pot du Plait; de la Goute-Bernard; de la Porte;
» René Boynet; & Nouveaut & l'Huillier, Notaires.

3°. » Sous le fcel des Grands-Maîtres, Enquêteurs & géné-
» raux Réformateurs des Eaux & Forêts de France à Paris:
» Ordre par eux donné au premier Huiffier fur ce requis, de
» la part de Louis Pot, Ecuyer, Seigneur de Piégu, d'affigner
» Jean & George Bonnet, freres, à procéder pardevant eux;
» du 3 Juillet 1743. Signé de Brufe, & fcellé.

4°. » Dénombrement du Fief de la Bure, fourni à Meffire
» Louis Pot, Chevalier, Seigneur de Piégu, à caufe de fon
» Château & Seigneurie dudit lieu à foi & hommage lige, au
» devoir d'une maille d'or à mutation de Seigneur & d'hommes,
» par Meffire Philippe Silvain, Prêtre, Curé de Beaulieu &c.
» du 6 Juin 1761. Signé Silvain, Notaire, qui a la minute.

5°. » Foi & hommage rendus à Meffire Louis Pot, Seigneur
» de Piégu, des rentes des Villages de la Chirade & du Mazier,
» relevant de fa Seigneurie & Château de Piégu, Paroiffe Saint
» Sulpice-les-Feuilles, y demeurant, par Noël Carteron de la
» Ville de la Souterraine, reçu à la charge par ledit fieur Carteron
» de fournir audit Seigneur de Piégu dénombrement dans les délais
» de la Coutume; du 27 Août 1777. Signé Poujaud, Notaire
» Royal héréditaire. »

FEMME, Marie-Thérèfe DE REVEAU DE SAINT-VARANT, par
contrat comme ci-deffus, du 21 Février 1743, fille de Meffire
Philippe-René de Reveau de Saint-Varant, & de Dame Louife de

REVEAU.

De Sable, à un Ancre d'Argent, au chef de même, chargé de trois Têtes de Mores bandées de Gueules.

[56]

Maſtribut, Seigneur & Dame de la Cadrie, en Poitou; duquel
eſt iſſu

     1. LOUIS POT, qui ſuit.

     2. N........ POT, Religieuſe à l'Abbaye Notre-Dame
de Meaux en Brie.

     3. N........ POT, Damoiſelle de Piégu, n'eſt point
encore mariée.

X V I.

LOUIS POT, troiſieme du nom, Seigneur de Piégu-Pot, ſeul
fils de Louis-Jacques Pot & de Marie-Théréſe de Reveau, Seigneur
& Dame de Piégu-Pot, marié par contrat du 2 Décembre 1777,
rapporté ci-deſſous.

     1°. « Pardevant les Notaires ſouſſignés; Contrat de mariage
» de Meſſire Louis Pot, fils de Louis-Jacques Pot, Chevalier,
» Seigneur de Piégu, & de Dame Marie-Théréſe Reveau de
» Saint-Varant, ſon épouſe, repréſenté audit contrat par Meſſire
» François-Placide de Pot, ancien Capitaine au Régiment de
» Poitou, Chevalier de Saint-Louis, leur frere & beau-frere,
» fondé de leurs procurations; tous les ſuſdits Seigneurs & Dames
» demeurant en leur Château de Piégu, Paroiſſe Saint Sulpice-
» les-Feuilles, d'une part; & de Damoiſelle Marie - Adélaïde
» d'Hemery de la Martiniere, fille mineure de Meſſire Cezard
» d'Hemery, Chevalier, Seigneur de la Martiniere & autres
» lieux, & de Dame Marie Chabot ſon épouſe; leſdits Seigneur
» & Dame & future épouſe demeurant tous au Château de la
» Martiniere, Paroiſſe de Rom; & les ſuſdites Parties contractant
» entre elles ſous les autorités de droit, & avis & agrément de
» leurs parens & amis préſent, qui ont ſigné avec les Parties; du
» côté du futur, François-Placide de Pot, &c.; Meſſire Jacques
» de Pot, auſſi ſon oncle, Chevalier de Saint-Louis; Meſſire
» Paul-Jean de Chamborant, Chevalier, Seigneur & Baron de
» Droux & de Fonbuffaut, Chevalier de Saint-Louis, oncle
» Breton; Jacques de la Chaſtre, Chevalier, Seigneur de Lai-
» raud, couſin; Claude Vicomte de la Chaſtre, Chevalier,
» Seigneur de Mons, Chevalier de Saint-Louis: & de la future,

                                   » Meſſires

» Meffires Olivier d'Hemery, Chevalier, Seigneur de l'Abre-
» gement, Colonel d'Artillerie, la commandant en chef au Pays
» d'Aunis & Saintonge, fon oncle; François-Olivier d'Hemery,
» Chevalier, Seigneur du Pont-de-Ruant, Capitaine d'Artillerie,
» fon frere; Damoifelle Louife d'Hemery fa fœur; Pierre-François
» d'Hemery, Lieutenant au Régiment de Touraine, coufin ger-
» main; Jofeph-Philippe de Fricon, Chevalier, Lieutenant au
» Régiment de Beaujolois, coufin. Original en parchemin, du
» 2 Décembre 1777. Signé Aymé & Fouquet.

2°. » Quittance d'une fomme de 995 livres 15 fols 5 deniers,
» donnée par Baptifte & Jean Dardanne, freres, Marchands à
» la Souterraine; laquelle fomme leur étoit due par Meffire
» Louis Pot, Chevalier, Seigneur de Piégu, & Dame Thérèfe
» de Reveau fon époufe, & payée par les mains de ladite Dame,
» des deniers d'autre Meffire Louis Pot, Chevalier, Seigneur de
» Piégu, leur fils abfent, & ladite Dame de préfent en ladite
» Ville de la Souterraine, & demeurant tous les fufdits Seigneurs
» & Dames au Château de Piégu, Paroiffe Saint-Sulpice-les-
» Feuilles, du 2 Janvier 1778. Signé Rouyer, Notaire Royal.

FEMME, Dame Marie-Adélaïde D'HEMERY, par contrat ci-deffus, du 2 Décembre 1777, fille de Meffire Cezard d'Hemery & de Dame Marie Chabot, Seigneur & Dame de la Martiniere, & d'eux n'eft iffu jufqu'à ce jour que

D'HEMERY.

De Gueules, à 3 Coquilles d'Or, au chef abaiffé de mé-me.

1. N..... POT, dont on n'a pas l'extrait de Baptême.

2. JEAN-CLAUDE-FRÉDÉRIC POT, né au Château de la Martiniere en Poitou, le 5 Août 1781, & baptifé le même jour dans l'Eglife de Saint Liphard de Rom.

§. II.

BRANCHE DE RHODES.

I V.

L o u i s P o t, Seigneur de Rhodes, fecond fils de Raoul Pot, Bailli & Gouverneur d'Orléans, & de Dame Jeanne de Céris, Seigneur & Dame de Piégu-Pot, Lavault-Pot, le Balloffier, d'Ablou, Munay & de Rhodes. La Taumaffiere rapporte qu'il fit partage avec Raoul Pot fon frere aîné des fucceffions de leurs pere & mere, le 21 Octobre 1393, par lequel il fut Seigneur de Rhodes, &c. On a déja vu à l'article de Raoul fon aîné, §. Ier, l'accord qu'ils firent conjointement enfemble avec Guillaume de Laigue, mari d'Huguette Pot leur fœur, fur les droits à elle revenans dans la fucceffion de leurfdits pere & mere, en 1401.

Femme, Dauphine De Bonnelles, Dame de Chaffingrimont, Terre qu'elle lui porta & que fes defcendans ont tranfmis à la Maifon de la Tremoille, & par celle - ci, entrée dans celle d'Aubuffon ; & de ce mariage iffurent

BONNELLES: *D'Argent, au Chevron de Sable.*

1. R e g n i e r *ou* R e n é P o t, qui eut pour femme Jeanne De Sully, fille de Geoffroy-de Sully, Seigneur de Beaujeu, d'Ainay-le-Vieille, Magnac, de Cluis-deffus, de Buffiere, d'Aillac, Confeiller du Roi, & de Catherine de Veauffe fa femme. La Thaumaffiere dit que fa femme ne fe voyant point d'enfans, l'engagea à vendre fa Terre de Rhodes à Charles de Culant, Grand-Maître de France, fon beau-frere, à caufe de Belaffe de Sully fa fœur ; fes alliances fe juftifient dans l'Hiftoire des grands Officiers de la Couronne, Généalogie de Sully, tome II, page 862 ; *idem* de Culant, tome VII. page 82.

SULLY. *D'Argent, femé de Molettes d'Or, au Lion de même fur le tout.*

2. G u y P o t continue la poftérité.

3. I s a b e a u P o t, femme d'Aubert F o u c a u l t, Seigneur du Cros & de Saint-Germain, Confeiller-Chambellan du Roi, Capitaine Général de fon Armée de Limofin, Niver-

FOUCAULT. *D'Azur, femé de Fleurs de Lys d'Or.*

nois, &c. fils de Guy Foucault, IIIe du nom, Seigneur de Saint - Germain, Capitaine ès Pays de Berry, Auvergne, Bourbonnois & la Marche. Généalogie de Foucault, aux grands Officiers de la Couronne, tome VII, page 578.

CHAUVET.

D'Argent, à 4 faces d'Azur, accompagné de 9 Merlettes de Gueules, posées 3, 2, 2, & 2.

4. CATHERINE POT, femme de Jehan CHAUVET, Seigneur de Sannat, de Bellat & du Dorat, fils de Pierre Chauvet & de Gillette Faydeau, Chevalier, Seigneur & Dame desdits lieux. Ladite Catherine eut, entre autres enfans, Marguerite Chauvet, femme de Noble & Puissant homme Jacques de Chamborant, Chevalier, Seigneur de Droux & de la Claviere, prouvé aux titres de Chamborant, qui furent aïeul & aïeule de Jacquette de Chamborant, mere d'Isabeau de Rance, femme, par contrat du 18 Mars 1558, de Jean Pot, Seigneur de Piégu. On voit, par les alliances souvent répétées des Pot & des Chamborant, que depuis long-temps ces deux noms se perpétuent l'un par l'autre.

V.

GUY POT, Seigneur de Chassingrimont & de Rhodes, qu'il fit rentrer dans sa Maison au moyen du retrait lignager qu'il exerça sur le Sieur de Culant, auquel René Pot, son frere aîné, comme on l'a ci-devant vu, l'avoit vendue.

SAINT-JULIEN.

De Sable, semé de Billettes d'Or, au Lion de même, brochant sur le tout.

FEMME Louise D'E SAINT-JULIEN, fille de Louis de Saint-Julien, Seigneur de Veniers en Berry, & de Marie de Vouhet, par contrat du 14 Décembre 1439, ainsi daté dans la Généalogie de la Maison de Saint-Julien de Veniers, par la Thaumassiere, Histoire de Berry. Il n'y eut de ce mariage que deux garçons.

1. JEAN POT, qui suit.

2. PHILIPPE POT fut Chanoine de la Sainte-Chapelle de Paris & Président au Parlement de Paris, comme en font foi les Lettres de provision dudit Office, qui suivent, relatées au Jugement de 1669 ; & on rapportera tous ceux dont on fera usage sur chaque dégré successif de cette branche, de même qu'ils y sont énoncés : on en avertit pour la derniere fois.

« Lettres de provision de la Charge de Président en la Cour de
» Parlement,

» Parlement, pour Messire Philippe Pot, &c. du 7 Juin 1515.
» Signé sur le repli, Robert. Ledit acte scellé du grand sceau.

V I.

JEAN POT, premier du nom en cette branche, Seigneur de Rhodes, Chaffingrimont, &c. fils aîné de Guy Pot & de Louise de Saint-Julien, Seigneur & Dame des mêmes lieux, &c.

FEMME, Souveraine DE BLANCHEFORT, fille de Guy de Blanchefort, Seigneur de Bois-l'Amy, Saint-Clement, de Nozerolles, Chevalier, Conseiller-Chambellan du Roi Charles VII, son Sénéchal de Lyon, Bailly de Mâcon, & Gouverneur de Pierre-Ansise, & de Souveraine d'Aubusson sa femme, sœur de Guy de Blanchefort, mort Grand-Maître de Rhodes, en y allant, l'an 1513, & de Charles de Blanchefort, mort en 1515 Evêque de Senlis, comme il est rapporté dans la Généalogie du Blanchefort, Histoire des grands Officiers de la Couronne, tome IV, page 289. Et de leur mariage sont issus

    1. FRANÇOIS POT, qui suit.

    2. GUY POT suivra après la postérité de son aîné, §. III.

BLANCHEFORT. D'Or, à deux Lions passans, de Gueules.

V I I.

FRANÇOIS POT, premier du nom, Seigneur de Chaffaingrimont, de Cramaud, &c. fils aîné de Jean Pot & de Souveraine de Blanchefort, Seigneur & Dame de Rhodes, Chaffaingrimont, &c.; il garda vraisemblablement cette derniere Terre, portée dans sa Maison par Dauphine de Bonnelle, par arrangement fait entre lui & Guy Pot son frere puîné, dont on n'a aucune connoissance.

FEMME Renée DE MONLEON, fille de René de Monleon, Seigneur de Touffou, & de Jeanne de Marafin, Dame de Cramaud, Terre par elle portée à son mari, comme on le voit aux grands Officiers de la Couronne, Généalogie de Marafin, tome II, page 417. Et de leur mariage sont issus

    1. FRANÇOIS POT, qui suit.

MONLEON. De Gueules, à un Lion d'Argent, armé & lampassé de Sable.

GAILLARD.
De Gueules à une face breteſſée d'Argent.

SALART.
Ecartelé au premier de Gueules, au Sautoir d'Argent, cantonné de 4 Billettes d'Or ; au 3 d'Argent, au Sautoir engrelé de Gueules ; au 4 d'Or, au chef échiqueté d'Argent & de Sable de deux traits.

2. ANNE POT, premièrement femme de Louis DE GAILLARD, Seigneur de Griffardiere en Poitou, & enfuite première femme de Claude DE SALART, Seigneur de Bouron & de Jacqueville, Grand Gruyer de la Foreſt de Bierre, comme il eſt rapporté dans l'Hiſtoire des grands Officiers de la Couronne, Généalogie de Salart, tome VIII, page 753.

VIII.

FRANÇOIS POT, fecond du nom, Seigneur de Chaſſaingrimont & de Cramaud, fils de François Pot, premier du nom, & de Renée de Monléon, Seigneur & Dame de Chaſſaingrimont & de Cramaud, &c.

FEMME, Gabrielle DE ROCHECHOUART, fille de Chriſtophe de Rochechouart, Seigneur de Chandenier, Javarzay, la Motte, Beauçay, & de Suſanne de Blaiſy, Baronne de Couches en Bourgogne, par contrat du 2 Octobre 1535 : elle porta à fon mari cette Terre de Blaiſy, où elle ſe retira étant veuve, & y mourut peu après l'an 1568 ; le tout comme il eſt rapporté aux grands Officiers de la Couronne, Généalogie de Rochechouart, tome IV, page, 659. Et laiſſerent de leur mariage

1. JEAN POT, mort fans poſtérité.

LA TREMOILLE.
Comme ci-deſſus.

2. MARGUERITE POT, femme de François DE LA TREMOILLE, Seigneur de Fondmorand, du Chaſtelet, &, par elle, de Chaſſaingrimont, Terre que Louiſe de la Tremoille leur fille porta enfuite dans la Maiſon d'Aubuſſon, & qui y en a diſtigué une de ſes branches, comme on le voit aux Généalogies de la Tremoille, tome IV, page 184, & celle d'Aubuſſon, tome V, page 351, de l'Hiſtoire des grands Officiers de la Couronne.

Ici, comme on le voit, finit cette branche aînée de Rhodes.

§. III.

BRANCHE CADETTE
DE RHODES,
REDEVENUE L'AINÉE.

VII.

G U Y P O T, fecond du nom & fecond fils de Jean Pot & de Souveraine de Blanchefort, fut, comme on l'a vu à l'article de François Pot fon frere aîné ci-deffus, Seigneur de Rhodes, Terre qu'il a tranfmife à fa poftérité jufques au commencement de ce fiécle. Des Mémoires domeftiques affurent qu'il tefta & mourut à Pavie, des bleffures qu'il reçut à cette funefte journée pour la France, l'an 1524.

F E M M E, Ifabeau DE SAFFRÉ, fille d'Alexis de Saffré & d'Olive de Bourgon fa femme, Gouvernante d'Anne Ducheffe de Bretagne, femme enfuite de nos Rois Charles VIII & Louis XII; & laifferent de leur mariage

SAFFRÉ.
De Gueules, femé de Croix d'Or recroifetées & nillées de Sable.

1. J E A N P O T, qui fuit.

2. Autre J E A N P O T, qui fut Seigneur de Chambon & de Buffy, mari de Marie DE FONTAINE, qui eft tout ce qu'on fçait de lui.

FONTAINE.
D'Or, à 3 Ours dreffés de Sable.

3. G U I O T P O T, marié à Françoife DE HANGEST, qui le fit pere de CHARLES POT, qui de N..... DE LA TREMOILLE eut CHARLOTTE POT, mariée à Claude D'ESCOUBLEAU *, Seigneur du Coudray-Montpenfier.

HANGEST.
D'Argent, à la Croix de Gueules, chargée de 5 Coquilles d'Or.

ESCOUBLEAU.
Parti de Gueules, à la bande d'Or.

VIII.

J E A N P O T, fecond du nom, Seigneur de Chemeau, Rhodes, &c. Prevôt des Cérémonies de l'Ordre de Saint Michel, Ambaffadeur de Charles IX à Rome, à Vienne & en Angleterre; fut, comme on le verra, employé dans les plus importantes affaires de l'Etat.

1°. « Lettres de provifion de la Charge de Prevoft & Grand » Maître des Cérémonies de l'Ordre de Saint Michel, conférées » par le Roi, Souverain dudit Ordre, à Meffire Jean Pot, Sieur » de Chemeaux. Signé fur le repli par le Roi; M. le Cardinal » de Guife, Chevalier dudit Ordre, préfent. Du 3 Novembre » 1548, & fcellées.

2°. » Brevet du Roi pour l'Abbaye de Deols, en faveur du » Sieur de Chemeaux, du 12 Octobre 1554.

3°. » Lettres de confirmation des provifions de ladite Charge » de Prévôt & Grand-Maître des Cérémonies, par le Roi Fran- » çois II, pour & au profit dudit Sieur de Chemeaux. Signées fur » le repli, Par le Roi, de Laubefpine. Du 27 Janvier 1559.

4°. » Mémoires inftructifs des chofes que ledit Seigneur de » Chemeaux étoit obligé de faire en fon Ambaffade pardevers » Sa Majefté, où il étoit envoyé de la part du Roi. Signé Henry. » Et plus bas, Clauffe.

5°. » Autres Mémoires touchant l'Ambaffade dudit Sei- » gneur de Chemeaux, pardevant l'Empereur Charles V. » Signé Henry, &c.

6°. » Deux Lettres miffives du Roi Henry II, dont l'adreffe » eft audit fieur de Chemeaux, dont l'une du 29 Avril 1548, » & l'autre du 18 Septembre audit an. Signé Henry. Et plus » bas, Duchier.

7°. » Quatre autres miffives, fignées de M. de Montmorency, » Connétable de France, adreffées audit Sieur de Chemeaux, » par lefquelles ledit Seigneur de Montmorency l'appelle coufin » & parent. Icelles du 9 Avril, 4..... & 27 Mai 1548.

8°. » Lettres Patentes du Roi, par lefquelles ledit Sieur de » Chemeaux, Chevalier, Seigneur de Rhodes, avoit été com- » mis pour l'exécution de l'Edit de pacification. Signées Charles. » Et plus bas : Par le Roi, Robert. Du 14 Mars 1563.

9°. » Autres Lettres Patentes, par lefquelles ledit Sieur de » Chemeaux a été commis pour faire exécuter les Edits de paci- » fication ès Provinces de Touraine, Anjou & Orléanois. Du

6 Décembre

 » 6 Décembre 1563. Signées par le Roi en fon Conſeil. Et plus
» bas : Robert. »

FEMME, Georgette DE BALSAC, fille de Pierre de Balſac,
Baron d'Entraigues & de Saint-Amand, Seigneur de Prélat, Paulhac,
Juis, Dunes & Clermont - Soubiran , Lieutenant de Roi de la
Province d'Auvergne , & d'Anne Malet de Graville , fille de
Louis Malet , Amiral de France , par contrat du 10 Mai 1538 ,
en préſence de la Reine de Navarre & du Connétable de Mont-
morency, comme on le voit Hiſtoire des grands Officiers de la
Couronne, Généalogie de Balſac , tome II , page 438 ; & n'eurent
de leur mariage qu'un fils unique.

1. GUILLAUME POT, qui ſuit.

BALSAC.
*D'Azur, à 3 Sau-
toirs d'Argent , au
Chef d'Or à 3 Sau-
toirs d'Azur.*

I X.

GUILLAUME POT , troiſieme du nom , Seigneur de Rhodes ,
Menctou-Sallon , Gueudreville , Boynes , Saint-Amand , Mondon,
Chevalier , Prévôt des deux Ordres du Roi , Grand-Maître des
Cérémonies de France , premier Ecuyer Tranchant & Porte-
Cornette de Sa Majeſté , fils unique de Jean Pot & de Geor-
gette de Balſac , Seigneur & Dame de Chemeaux.

1°. « Certificat ſigné Maillaſſon de la Vergne, du 3 Décembre
» 1578, où ſont référés les titres par leſquels ledit Seigneur
» Pot a prouvé ſa nobleſſe qu'il a reçu de ſes ancêtres, ainſi
» qu'eux la leur, en conſéquence de quoi il a été admis au
» nombre des Chevaliers des Ordres du Roi ; au pied duquel
» Certificat ſont les Armes dudit Seigneur, qui portent d'Or à
» la Face d'Azur , qui eſt de Pot , au Lambelle de Gueules
» de trois pendans , timbré d'Or , pour cimier un Gerfaux
» naiſſant d'Or, panaché d'Or & d'Azur, & pour ſupport deux
» Lions d'Or.

2°. » Contrat de mariage entre ledit Meſſire Guillaume Pot,
» Chevalier, Prévôt de l'Ordre du Roi, fils de Meſſire Jean
» Pot, Sieur de Chemeau, d'une part, & Dame Jacqueline
» de la Chaſtre , paſſé en préſence de Dubois , du 6 Mai
» 1567.

3°. » Brevet du Roi pour l'état de Prévôt de l'Ordre en

» faveur de Meſſire Guillaume Pot, l'un de ſes Ecuyers Tran-
» chans. Signé Bourdin. Du 16 Janvier 1562.

4°. » Brevet par lequel le Roi pourvoit ledit Meſſire Guillaume
» Pot de l'Office de premier Tranchant. Du 6 Octobre 1568.
» Signé Noblet.

5°. » Lettres Patentes de Sa Majeſté, contenant les provi-
» ſions de l'Office de Capitaine de la Garde de M. le Duc
» d'Alençon, frere du Roi, vaquant par la mort de Meſſire
» Joſeph de la Chaſtre, en faveur de Meſſire Guillaume Pot.
» Signé par le Roi, la Reine mere préſente, de Neuville. Du
» 2 Novembre 1568.

6°. » Lettres Patentes du Roi, par leſquelles ledit Seigneur
» Guillaume Pot eſt confirmé de nouveau en l'état de Tran-
» chant ordinaire de Sa Majeſté. Du 7 Octobre 1567. Signé
» par le Roi, la Reine mere & Monſieur le Duc de Guiſe,
» Pair, Grand-Maître & grand Chambellan, Bourdin. Au dos
» deſquels eſt l'acte du ſerment prêté par ledit Seigneur Guil-
» laume Pot.

7°. » Lettres Patentes du Roi, Chef Souverain & Grand-
» Maître de l'Ordre du Saint Eſprit, ſignées par le Roi, de
» Laubeſpine, du dernier Décembre 1578, par leſquelles ledit
» Meſſire Guillaume Pot eſt honoré Chevalier dudit Ordre,
» reçu en icelui, & pourvu de l'état & Office de Prévôt &
» Grand-Maître des Cérémonies dudit Ordre.

8°. » Autres Lettres Patentes du Roi, par leſquelles ledit
» Meſſire Guillaume Pot a été pourvu de la Charge de Grand-
» Maître des Cérémonies de France, aux gages de 1000 livres
» par an. Du 2 Janvier 1585. Signé Henry. Et plus bas : Par le
» Roi, Bruſlard.

LA CHASTRE.

De Gueules, à la Croix ancrée de Vaire.

FEMME, Jacqueline DE LA CHASTRE, par contrat du 6 Mai 1567, & mourut en 1603. Elle étoit fille de Claude de la Chaſtre, Baron de la Maiſon-Fort, Seigneur de Sandré, Sillac, &c. Chevalier de l'Ordre du Roi, & d'Anne Robertet, Dame de la Ferté-ſous-Reully ; alliance rapportée dans l'Hiſtoire des grands Officiers de la Couronne, Généalogie de la Chaſtre, tome VII, page 370. De leur mariage iſſurent

1. HENRY POT, premier Ecuyer Tranchant & Porte-

Cornette du Roi, tué en 1590 à la bataille d'Ivry, sans avoir
été marié.

2. GUILLAUME POT, qui, comme le précédent, fut
Grand-Maître des Cérémonies de France, premier Ecuyer
Tranchant & Porte-Cornette du Roi en survivance de son
pere, &, de plus que son frere, Lieutenant de Roi en Berry
pendant le voyage de Sa Majesté en Guyenne. Il avoit épousé
Anne DE BROUILLY, fille de François de Brouilly, Seigneur
de Mesvillier, & de Louise d'Halwin, dont il n'eut point
d'enfans; alliance qu'on peut voir Histoire des grands Officiers de la Couronne, article des Grands Prévôts Maîtres
des Cérémonies des Ordres du Roi, tome IX, page 311.

3. FRANÇOIS POT, qui suit & continue la postérité.

4. GUY POT, Chevalier de Malthe, Commandeur de
Lavault-Blanche, de Salain & de Dieodais.

5. ANTOINE POT, premierement Abbé de Saint-
Georges-sur-Loire, & depuis Capucin, mort Gardien à
Poitiers.

6. LOUISE POT, femme de Claude DE LAUBESPINE,
Seigneur de Verde-Ronne, Président de la Chambre des
Comptes de Paris, Greffier & Commandeur des Ordres
du Roi. De plus cette alliance est de même rapportée Histoire
des grands Officiers de la Couronne, Généalogie de Laubespine, tome VI, page 562.

LAUBESPINE.
*Ecartelé au premier
& 4 d'Azur, au Sau-
toir alaizé d'Or, ac-
compagné de 4 Bil-
lettes de même, aux
2 & 4 de Gueules, à
la Croix ancrée de
Vaire.*

7. MARIE POT, femme de François DU POUGET,
Baron de Nadaillac dans la Marche.

DU POUGET.
*D'Or, à une Mon-
tagne de Synople, à
un Chevron d'Azur.*

8. CATHERINE POT, Religieuse à Saint Pardoux-la-
Riviere, en Périgord.

9. JEANNE POT, mariée, par contrat passé à Menetou-
Sallon en Berry, le 16 Novembre 1602, à René DE
L'AGE, second du nom, Chevalier, Seigneur de Puylaurens,
Conseiller du Roi, Gentilhomme ordinaire de sa Chambre,
& premier Ecuyer de Madame la Duchesse d'Orléans; rap-
porté en l'Histoire des grands Officiers de la Couronne,
Généalogie de l'Age, tome IV, page 388, de même qu'à
celle du Cambout, page 805.

DE L'AGE.
*D'Or, à la Croix
de Gueules.*

X.

FRANÇOIS POT, Chevalier, Seigneur du Magnet, de Rhodes
& de Chemeau après la mort de ses freres, ainsi que Grand-
Maître des Cérémonies de France, premier Ecuyer Tranchant
& Porte-Cornette du Roi ; fut pourvu en 1612 de celle de
Prévôt & Maître des Cérémonies des Ordres, mais ne l'exerça
qu'après la mort de son frere aîné en 1616, & ne la garda que
jusqu'en 1619, que le Roi le nomma Chevalier du Saint-Esprit ;
mais ayant été tué au Siége de Montpellier en 1622, il ne fut
pas reçu.

1°. « Acte de résignation de l'Office de Prévôt & Maître
» des Cérémonies des deux Ordres de Sa Majesté, fait par
» Messire Guillaume Pot fils, en faveur de Messire François
» Pot, Chevalier, Seigneur de Magnet, son frere, du 6 Sep-
» tembre 1612. Signé Guillaume Pot de Rhodes, & de Mercier,
» Notaire au Châtelet de Paris.

2°. » Lettres de provision dudit Office de Prévôt & Maître
» des Cérémonies des deux Ordres, concédé par le Roi à Messire
» François Pot, en conséquence de ladite résignation, du 7
» Septembre 1572, signées Louis. Et sur le repli : Par le Roi,
» la Reine Régente, sa mere, présente ; Pottier. Scellées du
» Sceau desdits Ordres.

3°. » Brevet du Roi, par lequel ledit Seigneur de Rhodes
» est nommé Conseiller d'Etat, en date du 20 Janvier 1573,
» signé Louis. Et plus bas, de Lomesnie. Avec le serment dudit
» Sieur, dudit jour.

4°. » Brevet par lequel Sa Majesté ordonne audit Seigneur
» de Rhodes 400 livres de gages par moitié en temps de paix,
» & 600 livres en temps de guerre, du 23 Février 1574, signé
» Louis. Et plus bas : Bruslard.

5°. » Arrêt du Conseil d'Etat, par lequel est ordonné que
» ledit Seigneur de Rhodes & le Seigneur de Nançay demeu-
» reroient députés pour porter conjointement, ou l'un d'eux en
» l'absence de l'autre, le Cahier des Remontrances de la No-
» blesse

[69]

» bleſſe du Bailliage de Berry aux Etats généraux du Royaume,
» en date du 2 Août 1574, ſigné Fayet.

6°. » Brevet du Roi, daté du 13 Février 1576, par lequel
» le Roi a concédé audit Meſſire François Pot toutes les
» Charges & Offices dont étoit pourvu Meſſire Guillaume Pot
» ſon frere. Signé Louis. Et plus bas : de Lomenie. »

FEMME, Marguerite D'AUBRAY, fille de Claude d'Aubray,
Seigneur de Bruyere-le-Château, Prévôt des Marchands à Paris,
& de Marie l'Allemand ; duquel mariage iſſurent

1. CLAUDE POT, Seigneur de Rhodes, Grand-Maître
des Cérémonies de France, premier Ecuyer-Tranchant &
Porte-Cornette blanche du Roi, Prévôt des Cérémonies de
ſes Ordres en ſurvivance de ſon pere, le 17 Janvier 1617, Capitaine de cinquante hommes d'Armes des Ordonnances de Sa
Majeſté, par Lettres du 6 Juin 1620 ; mourut en Juillet 1642,
marié premierement à ſa couſine germaine Louiſe-Henriette
DE LA CHASTRE, déja deux fois veuve 1°. du Comte d'Arlais,
2°. du Duc d'Uzès, fille unique du ſecond mariage de Louis
de la Chaſtre, Baron de la Maiſonfort, Maréchal de France,
& d'Iſabelle d'Eſtampes ſa ſeconde femme, dont il eut entre
autres enfans MARIE-LOUISE-HENRIETTE-AYMÉE POT,
femme, par contrat du 24 Mai 1624, de François-Marie
DE L'HOSPITAL, Duc de Vitry & de Château-Villain,
Maréchal des Camps & Armées du Roi, ſon Ambaſſadeur
à la Diette de Ratisbonne, Conſeiller d'Etat, d'Epée, &c.
mort à Paris le 9 Mai 1679, & elle le 27 Mai 1684 ; le
tout rapporté ainſi dans l'Hiſtoire des grands Officiers de la
Couronne, Généalogie de l'Hoſpital, tome V, page 440 ;
& MARGUERITE POT, mariée à François D'AUBUSSON ſon
couſin au troiſieme dégré, par diſpenſe du Pape Urbain VIII,
du 5 Octobre 1634, lequel la laiſſa veuve ſans enfans, ayant
été tué en Italie au Siége de Valence, l'an 1635 ; ainſi
rapporté dans l'Hiſtoire des grands Officiers de la Couronne,
Généalogie d'Aubuſſon, tome V, page 351 ; elle ſe remaria
en ſecondes nôces à Guillaume DE RAZÉS *, Seigneur de
Monimes : plus, LOUISE POT, femme de Eſdme DU MESNIL-
SIMON, Seigneur de Beaujeu, Milly, Regny, Crézancy &

S

la Chapelotte , Lieutenant de la Compagnie des Gendarmes de Monseigneur le Dauphin , tué au Siége de Fontarabie l'an 1638. Les autres enfans de ce premier mariage n'ont pas été mariés , & ledit Claude Pot étant devenu veuf sans héritiers de son nom , se remaria le 24 Novembre 1639 à Louise DE LORRAINE , fille naturelle de Louis Cardinal de Guyse & de Charlotte des Essarts , dont il n'eut encore que trois filles , toutes mortes sans avoir été mariées. Les Auteurs de l'Histoire des grands Officiers de la Couronne , à son article , tome IX , page 311....., sont tombés dans l'erreur en ce qu'ils ont dit de contraire à ce qu'on rapporte ci-dessus ; eux-mêmes se contredisent sur le nom de la mere de la Duchesse de Vitry , qu'ils nomment Louise de Lorraine à la page 311 , & Louise-Henriette de la Chastre , Généalogie de l'Hospital. Voyez page 440 comme il est de fait.

2. HENRI POT, qui suit.

LORRAINE.

D'Or, à la Bande de Gueules, chargée de 3 Alerions d'Argent.

X I.

HENRI POT , Seigneur de Rhodes , Comte de Bridiers , Grand-Maître des Cérémonies de France , second fils de François Pot & de Marguerite d'Aubray , Seigneur & Dame de Rhodes , le Magnet , Chemeau , &c.

1°. « Provisions de l'Office de Grand-Maître des Cérémonies
» de France , vaquant par le décès de Messire Claude Pot , en
» faveur de Messire Henri Pot son frere , du 12 Mai 1643 ;
» signées Louis. Et plus bas : Par le Roi , de Guenegaud. Et
» scellées. Au pied desquels est l'acte de prestation de serment
» ès mains de Mgr. le Prince Grand-Maître.

2°. » Lettres Patentes du Roi , portant don en faveur de
» Messire Henri Pot , de la somme de 12000 livres par an ,
» du 25 Août 1644 ; signées Louis. Et plus bas : Par le Roi , la
» Reine Régente présente , de Lomenie. Au pied desquels est
» l'acte d'enregistrement en la Chambre des Comptes , 1644.
» Signé Bourlon. »

FEMME ; Gabrielle DE ROUVILLE , fille de Jacques second de Rouville , Seigneur de Grainville & de Chavigny , Comte de

ROUVILLE.

D'Azur, semé de Billettes d'Or, à 2 Gougeons adossés de même.

Cinchamps, Gouverneur des Ville & Château de Château-Chinon, Chevalier d'Honneur de Madame la Duchesse d'Orléans, qui est mort en 1628 en sa Terre des Vareilles en Poitou, & d'Antoinette Pinart de Louvois sa femme, dont issurent

1. CHARLES POT, qui suit.
2. LOUIS POT, Abbé de Varennes.
3. HENRI POT, Chevalier de Malthe.
4. N.......... POT, } mortes l'une & l'autre sans avoir
5. HENRIETTE POT, } été mariées.

X I I.

CHARLES POT, Seigneur de Rhodes, Comte de Bridiers, Grand-Maître des Cérémonies de France, fils aîné d'Henri Pot & de Gabrielle de Rouville, Seigneur & Dame de Rhodes, Menetou-Sallon, le Magnet, &c. ; vendit à Charles-Armand de Colbert, Marquis de Blanville, la Charge de Grand-Maître des Cérémonies de France, de l'agrément du Roi, en 1684.

C'est lui qui fut maintenu en 1669, par le Commissaire du Roi à la vérification des Nobles du Berry, avec Louis & Henri Pot ses freres, sur la représentation des titres que nous avons ici relatés pour cette branche d'après ce Jugement authentique.

1°. « Lettres Patentes contenant les provisions de l'Office de
» Grand-Maître des Cérémonies de France pour Charles Pot,
» Comte de Bridiers, fils de Messire Henri Pot, Seigneur de
» Rhodes, du 18 Janvier 1662 ; signées Louis. Et plus bas : Par
» le Roi, Guenegaud. Aux pieds desquels est l'acte de presta-
» tion des fermens ès mains de Monseigneur le Duc Grand-
» Maître. »

FEMME, Anne-Thérèse DE SIMIANNE, veuve de François-Claude-Edme de Simianne, Comte de Montcha, fille de François de Simianne, Marquis de Gordes, Chevalier des Ordres du Roi, & d'Anne d'Escoubleau-Sourdis.

SIMIANNE.

D'Or, semé de Fleurs de Lys d'A-zur, & de Tours de même.

Il mourut le premier Juillet 1705, sans enfans mâles : ainsi finit cette branche, ne laissant de son mariage que

MARIE-LOUISE-CHARLOTTE POT, mariée, en 1713, à Louis DE GAND-DE-MERODE DE MONTMORENCY,

GAND-DE-MERODE.
De Sable, au Chef d'Argent.

Prince d'Iſenghyen, Lieutenant Général des Armées du Roi, depuis mort Chevalier des Ordres du Roi, Maréchal de France, & Gouverneur d'Artois & Flandres. Elle mourut en couches, mais ſans laiſſer d'enfans, le 8 Janvier 1715.